Annett Rensing

111 Orte in und um Osnabrück, die man gesehen haben muss

111

emons:

Bibliografische Information der Deutschen Nationalbibliothek
Die Deutsche Nationalbibliothek verzeichnet diese Publikation in der Deutschen Nationalbibliografie; detaillierte bibliografische Daten sind im Internet über http://dnb.d-nb.de abrufbar.

MIX
Papier | Fördert gute Waldnutzung
FSC® C083411
FSC www.fsc.org

Layout: Eva Kraskes, nach einem Konzept
von Lübbeke | Naumann | Thoben
Kartografie: altancicek.design, www.altancicek.de
Kartenbasisinformationen aus Openstreetmap,
© OpenStreetMap-Mitwirkende, ODbL
Druck und Bindung: CPI – Clausen & Bosse, Leck
Printed in Germany 2023
Erstausgabe 2017
ISBN 978-3-7408-2129-6
Aktualisierte Neuauflage Dezember 2023

Vorwort

In einer Stadt wie Osnabrück, 780 von Karl dem Großen, Sohn Pippins des Kleinen, gegründet, führt kein Weg an geschichtsträchtigen Orten und altbewährter Tradition vorbei.

Schon früh wurde die Siedlung Knotenpunkt wichtiger Handelswege, trat 1412 der Hanse bei, und 1648 fand Europa im Rathaus seinen Frieden. Osnabrück ist noch immer Bischofssitz und die einzige deutsche Stadt, die mitten in einem Naturpark, dem »TERRA. vita«, liegt. Eingebettet zwischen Teutoburger Wald und Wiehengebirge durchzieht sie die breite Haseniederung – jahrelang zubetoniert, jetzt endlich wieder sichtbar. 13 Hügel weist die Stadtkarte auf, immerhin mehr als die berühmtere Sieben-Hügel-Stadt Rom. Das an Superlativen kurz vorweg.

Doch die Stadt ist auch für Überraschungen gut. In der Nähe vom Bahnhof steht völlig unzusammenhängend ein Gartentor von 1913 durch das Sie in ein Parkhaus gelangen. Sie können Kobolde besuchen oder Toiletten, die von in Mücken verwandelten Elefanten entlüftet werden. Gruselig wird's an der Stelle, die das Schicksal vieler als Hexen verurteilter Frauen besiegelte, oder dort, wo ein wunderschönes Andenken an einen allerdings angsteinflößenden Eremiten steht. Haben Sie eine Ahnung, was ein furzender Nikolaus mit Pumpernickel zu tun hat, oder wussten Sie, dass ein Südseeatoll namens »Moruroa« später auf den Namen »Osnabrück« getauft wurde?

Die karolingische Gründung Osnabrücks wird durch die Kreuzung der beiden Bahnstrecken Hannover – Amsterdam und Köln – Bremen – Hamburg im modernen Sinne fortgeführt. Darüber hinaus ist die kleine Großstadt bedeutender Hochschulstandort, und überall begegnen einem Zeugnisse aus der Jungsteinzeit. Menschen haben hier seit jeher ihre Spuren hinterlassen.

Begeben Sie sich auf die Reise zu spannenden Einsichten, unbekannten Orten und besonderen Aussichten.

111 Orte

1 Das Igelmuseum | Bohmte
Biologie und Tierschutz, Kunst und Kultur und: Geschichte(n) | 10

2 Der Bramscher Bahnhof | Bramsche
Arbeit und Kultur trifft auf Reisende | 12

3 Die Grafentafel | Hagen am Teutoburger Wald
Einer für 'ne ganze Runde Picknick | 14

4 Der Pottbäcker | Hasbergen
Gebieter über Ton, Zwerge und Ziehharmonika | 16

5 Das C&A-Tüöttenmuseum | Mettingen
Lieber Urlaub in Mettingen als auf Malle | 18

6 Der älteste Aufzug | Osnabrück
Im Rausch von Industrie-Nostalgie | 20

7 Der älteste Grenzstein | Osnabrück
Je oller, desto doller | 22

8 Der älteste Profanbau | Osnabrück
Mini-Festungen und Warenbunker für Generationen | 24

9 Der angelnde Hase | Osnabrück
Meister Lampe fischt nach manch Glockenspiel | 26

10 Die Armreliquien | Osnabrück
Wahn und Wunder: jede Menge Heiligenkult | 28

11 Der Baldachinschrein | Osnabrück
Beichten, beten, Buße tun | 30

12 Der barocke Hochaltar | Osnabrück
Kleine Rarität auf großem Fleck Geschichte | 32

13 Die beste Aussicht | Osnabrück
Alles im Blick und auf Grün schalten | 34

14 Die Bettfedernfabrik | Osnabrück
Wie man sich bettet, so schläft man … | 36

15 Der Bewegungspark | Osnabrück
Alle mal hierher! | 38

16 Die Bischöfliche Kanzlei | Osnabrück
Seltener Besuch vom letzten Fürstbischof | 40

17 Die Bogenbrücke | Osnabrück
Wo verloren geglaubte Dinge auferstanden | 42

18 Die Bonnuskirche | Osnabrück
Ein Zelt aus Kupfer | 44

19 Die Brauerei | Osnabrück
Wo das Bier floss | 46

20 Das Brause- und Wannenbad | Osnabrück
Wo Oma inner Wanne lag oder sich bebrauste | 48

21 Brummi's Imbiss | Osnabrück
Kultwurst im Hafen: Die Bratwurst ist längst mehr! | 50

22 Die Bundesumweltstiftung | Osnabrück
Spacig und naturverbunden | 52

23 Der Corsicaskamp | Osnabrück
Von Grünstreifen, Corsis und einem Postmeister | 54

24 Die Dampfmaschine | Osnabrück
Höhenrausch zwischen Fuselöl und Chorproben | 56

25 Die Deutsche Scholle | Osnabrück
Gärtnern in der Wüste | 58

26 Das doppelte Gemälde | Osnabrück
Felix Nussbaum: Ein Leben auf der Flucht | 60

27 Die Doppelturnhalle | Osnabrück
Vom Möser'schen Adelshof zur Schule | 62

28 Das Ehrenmal | Osnabrück
Wüste Kunstmischung im Abseits | 64

29 Das Elektrizitätswerk | Osnabrück
Eine Stadt unter Strom | 66

30 Die Entlüftungssäule | Osnabrück
Zwischen Klotür, Tod und Kirche | 68

31 Der erste Bahnhof | Osnabrück
Lange Karriere eines Baumes, kurze eines Bahnhofs | 70

32 Der Fernmeldeturm | Osnabrück
Betonbau mit idyllischem Campingplatz zu Füßen | 72

33 Das Fleischhauer-Symbol | Osnabrück
Ans Fell, ans Eingemachte | 74

34 Der Forellenhof | Osnabrück
Wo der Süßwasserfisch frisch aus dem Wasser kommt | 76

35 Der Friedensgarten | Osnabrück
Daheim im biodynamischen Naturstück für alle | 78

36 Die Friedhofseinfahrt | Osnabrück
Einmal von Hypnos zu Thanatos und zurück bitte! | 80

37 Der Friseursalon mit Puppenklinik | Osnabrück
Frau Huneckes Gespür für neue Strömungen | 82

38 Die Fritz-Wolf-Büste | Osnabrück
Männekesmaler mit Haut und Haaren | 84

39 Die Gärten der Weltreligionen | Osnabrück
Solange der Glauben des anderen fasziniert … | 86

40 Das Gartentor | Osnabrück
Ein durchweg merkwürdiger Ort | 88

41 Das Gertruder Loch | Osnabrück
Großes unterirdisches Geheimnis – einmalig im Norden | 90

42 Die gesprühte Kuh | Osnabrück
Kuhle Kuh: Graffiti sind sinnvoll! | 92

43 Die Glasmedaillons | Osnabrück
Fromme Welt in warmen Tönen | 94

44 Die Göttinnen | Osnabrück
Geliebte Antike am Heger-Tor-Wall | 96

45 Das Grafische Kabinett | Osnabrück
Überhaupt nicht spießig: Dürers Kupferstiche | 98

46 Der grüne Campus | Osnabrück
Alle Studiengänge beginnen mit Land(wirt)schaft | 100

47 Der Hakenhof | Osnabrück
Gutes tun … Luxus für Bedürftige | 102

48 Die Halle 14 | Osnabrück
Made in Osnabrück | 104

49 Der Hangar | Osnabrück
Ein Zuhause für erste spiddelige Luftapparate | 106

50 Der Haseuferweg | Osnabrück
Immer der Hase nach | 108

51 Das Haus Tenge | Osnabrück
Vom Glück neu belebter, alter Gemälde | 110

52 Das historische Bildpostkarten-Archiv | Osnabrück
Schöne Grüße ab 1900 – online und zum Anfassen | 112

53 Die Hundeflüsterin | Osnabrück
Kasernen-Areal »Am Limberg« im Wandel | 114

54 Das Iduna-Hochhaus | Osnabrück
Unter den Wolken … | 116

55 Der Imbiss Jim Blake | Osnabrück
Legende mit britischen Wurzeln | 118

56 Das Innenstadt-Kloster | Osnabrück
Bei sich selbst wohnen | 120

57 Das »K 208« | Osnabrück
Einer für Eingeweihte: Grenzgänger konkreter Kunst | 122

58 Die Kirche Maria Königin des Friedens | Osnabrück
Zwischen Himmel und rohem Stein | 124

59 Das Klack 95 | Osnabrück
Einfach mal 'ne ruhige Kugel schieben | 126

60 Die Klause | Osnabrück
Längst keine Zigarren und Herrengedecke mehr | 128

61 Das Kloster Nette | Osnabrück
Glaube, Liebe, Hoffnung | 130

62 Die Konditorei Sophies | Osnabrück
Ein Traum von süßen Verlockungen | 132

63 Der Kreuzbahnhof | Osnabrück
Ingenieurskunst aus der Kaiserzeit | 134

64 Das Kreuz mit Rakete | Osnabrück
Zwei Flugpioniere, die hoch hinauswollten | 136

65 Der Kühnehof | Osnabrück
Vorbei die kühnen Jahre – Essigfass und Klinker bleiben | 138

66 Der Kümpersturm | Osnabrück
Kopfüber in die Vergangenheit | 140

67 Das Künstler-Versteck | Osnabrück
Zwischen Grafiken, Genie und Grill | *142*

68 Die Lohmühle | Osnabrück
Sie haben es in neuem Kleid überlebt | 144

69 Der Luftschutzbunker | Osnabrück
Von der Bildfläche verschwunden | 146

70 Der Luhrmannhof | Osnabrück
Von Mauerblümchen und anderen »Uni«katen | 148

71 Die Lyra-Platte | Osnabrück
Vorbild wider Willen | 150

72 Das Marienheim | Osnabrück
Kloster mit Zoo: Franziskus kam bis Sutthausen | 152

73 Die Megalithkultur-Straße | Osnabrück
85 Urzeitgiganten an magischen Orten | 154

74 Der mobile Kiosk »Kunst S:nack« | Osnabrück
Ein volksnaher One-Woman-Betrieb | 156

75 Die Modelleisenbahn | Osnabrück
Loks auf einem ehemaligen Klosterdachboden | 158

76 Die Nackte Mühle | Osnabrück
Statt Glotze: Back to the roots | 160

77 Die Olle Use | Osnabrück
Für immer mein Holz und meine Quelle | 162

78 Der Papagei im Rathaus | Osnabrück
Gut in Schuss: Vogel mit enormer Verantwortung | 164

79 Der Park der Sinne | Osnabrück
Mal sämtliche Antennen ausfahren | 166

80 Der Pernickelturm | Osnabrück
Ein Brot, das roggt | 168

81 Die Petersburg | Osnabrück
Endlich Dauernutzung in Sicht | 170

82 Der Pferdestall | Osnabrück
Der unwiderstehliche Reiz von Modern und Alt | 172

83 Die Probebühne | Osnabrück
Glückwunsch, ältestes Amateurtheater der Stadt | 174

84 Der Probensaal des Domchors | Osnabrück
Jauchzet, frohlocket | 176

85 Die Reichwein-Büste | Osnabrück
»Wir sind die lebendige Brücke von gestern zu morgen« | 178

86 Das Remarque-Zentrum | Osnabrück
Erich Maria Remarque – ein Erotomane? | 180

87 Die Riedenbachplastik | Osnabrück
Der Stadt abhandengekommen: Karl Blume | 182

88 Die Riedenbachstele | Osnabrück
Seele, sorge dich nicht: Franz Hecker | 184

89 Die Riesen und »Solara« | Osnabrück
Alte und Neue Welt: Wilde Männer und Wolkenquirl | 186

90 Die Rosengärten | Osnabrück
Da blüht dir was | 188

91 Der Rosenhof | Osnabrück
Vom Lichtspiel übers Schachtelkino zum Multi-Event | 190

92 Der Schäferbrunnen | Osnabrück
Ein Tierfreund und schlichtweg guter Hirte | 192

93 Der »Schmied im Hone« | Osnabrück
In Haste gibt's Helles und Dunkles | 194

94 Die Schokoladenfabrik | Osnabrück
Wo es süß und rauschhaft dahinschmilzt | 196

95 Das Schulmuseum | Osnabrück
Zwischen Laterna magica und Rechenschiebern | 198

96 Die Sitzende | Osnabrück
Des Bildhauers Fräuleinwunder | 200

97 Der Skatepark | Osnabrück
Justus geht steil! | 202

98 Der Speicher 49 und 50 | Osnabrück
Neues aus Hitlers Heeresbäckerei im Hafen | 204

99 Der Stadtpilgerweg | Osnabrück
Geht doch! | 206

100 Das Staubsaugermuseum | Osnabrück
Groß-WG für ältere Semester | 208

101 Die Tribüne im Moskau | Osnabrück
In der Wüste baden mit Dschungel-Seilgarten | 210

102 Die Turnhalle des VfL | Osnabrück
Wo Kaniber seine Stollen schraubte | 212

103 Die Uhu-Lampe | Osnabrück
Das will jeder Junge, wenn er groß ist | 214

104 Das Wahrzeichen | Osnabrück
Kleines Bild mit großer Geschichte | 216

105 Das Wappenrad | Osnabrück
Das Signum der Bischofsstadt auf Gullydeckeln | 218

106 Das Wasserwerk | Osnabrück
Klasse Wasser | 220

107 Der Zebrastreifen | Osnabrück
Zebras, Beatles und ein Schachbrett | 222

108 Der Rochusberg | Uphausen/Bissendorf
Im Land der 13 Hügel und Riesenhaie | 224

109 Der größte Baum | Wallenhorst
Gut Ding will Weile haben | 226

110 Der Kletterwald | Wallenhorst
Manche mögen's bedrohlich, andere beschaulich | 228

111 Das Mausefallen- Museum | Wallenhorst
Nagetiere auf der Flucht | 230

1 Das Igelmuseum

Biologie und Tierschutz, Kunst und Kultur und: Geschichte(n)

2010 entstand aus einer Sammlung von 4.000 Exponaten zum Thema Igel das »Kleinste Igelmuseum Deutschlands«. Heute ist daraus das einzige Igelmuseum der Welt geworden. Auf zwei Etagen präsentieren sich in der Ausstellung über 10.000 Exemplare des beliebten Stacheltiers, eines der ältesten Säugetiere der Welt.

Tierfreunde und -schützer bekommen Informationen, wie sie dem streng geschützten Tier das Leben leichter machen und ihm ein Überleben sichern helfen können. Wer weiß denn schon, dass es 24 verschiedene Arten auf der Welt gibt und dass der Igel nur in der »alten Welt«, also Afrika, Asien und Europa, heimisch ist? Ein breites Spektrum von Themen entdeckt man unter den Begriffen Kunst und Kultur. Allen voran geht der berühmte beliebte Mecki, wer kennt ihn nicht? In der Dauerausstellung präsentiert er sich in über 2.500 Comics aus fast 70 Jahren, als Buch, als Karte und natürlich als Figur in unterschiedlichster Art. Aber nicht nur der »Mecki« aus Deutschland, auch der »Mecky« aus Österreich und der »Mäcky« aus der ehemaligen DDR sind Thema. Sehr große Freude macht es immer, wenn sich der »Rauchermäcky« die Zigarette anzündet und Rauchkringel in die Luft bläst!

Zu sehen gibt es Igel aus dem antiken Ägypten und Griechenland, Igel auf Briefmarken, Münzen und Geldscheinen. Eine weitere Dauerausstellung ist dem Lithografen und Zeichner A. Paul Weber gewidmet, das Thema – Igelwitze und -cartoons – erfreut sich immer wieder sehr großer Beliebtheit. Man kann unter Dutzenden von Igelfilmen auswählen, die als Großbildprojektion gezeigt werden. Neben dem Meckifilm aus dem Jahre 1938 gibt es Tierdokus, Spiel- und Zeichentrickfilme zu sehen. Das Museum ist kein Museum, wie man es sich landläufig vorstellt. Es hat eine ganz eigene Atmosphäre, die sich in der Anordnung und Aufstellung der Exponate widerspiegelt. Es sind nicht Fakten oder Chronologie, die im Vordergrund stehen, sondern eher Kunstwerke und Geschichte(n) rund um den Igel, die den Besucher fesseln und faszinieren.

Adresse Bremer Straße 95, 49163 Bohmte | **ÖPNV** mit dem Zug zum Bahnhof Bohmte, von dort 15 Minuten zu Fuß | **Öffnungszeiten** ständig aktualisiert im Internet unter www.igelmuseum.de | **Tipp** Ein aus der Postkutschenära stammender Drei-Meilen-Stein steht in der Bremer Straße 114 vor der Straßenmeisterei. Er gibt am ehemaligen »Hannoverschen Postweg« an, wie viele Meilen noch bis Osnabrück zurückgelegt werden mussten. Eine Meile entsprach 7,532 Kilometern.

2 Der Bramscher Bahnhof

Arbeit und Kultur trifft auf Reisende

Oft beschränkt sich die Arbeit in einem Bahnhof auf die Tätigkeit der DB-Mitarbeiter und Dienstleister, die den Reisenden die Fahrt angenehmer machen sollen. Aber der Bramscher Bahnhof ist ein besonderer Bahnhof. Die Züge halten dort zwar weiterhin, aber seit Juni 2016 betreibt die Heilpädagogische Hilfe Bersenbrück im denkmalgeschützten Bahnhofsgebäude eine Arbeits- und Kulturstätte für Menschen mit Behinderung. Wie Arbeit und Kultur im Bramscher Bahnhof umgesetzt werden, hat wohl eher Seltenheitswert.

In der früheren Bahnhofshalle finden regelmäßig Kulturveranstaltungen statt, viermal im Jahr wird ein Kulturcafé organisiert, und zudem werden Theateraufführungen, Lesungen, Ausstellungen und Vorträge angeboten. Es geht darum, Möglichkeiten der Begegnung von Menschen mit und ohne Behinderung zu schaffen.

In der dort ebenfalls ansässigen Kunstwerkstatt arbeiten Künstler/-innen in Voll- oder Teilzeit und können sich nach ihren eigenen Vorstellungen entfalten. Die Werke, die hier entstehen, können erworben werden – das sogenannte »Art-Rent-Programm« bietet darüber hinaus die Möglichkeit, Kunstwerke für eine begrenzte Zeit zu leihen. Präsentiert werden die Arbeiten in regelmäßig stattfindenden Ausstellungen.

Aber auch in den normalen Reisebetrieb sind die Beschäftigten des Bramscher Bahnhofs integriert. Sie betreiben einen Kiosk, an dem sich Ankommende und Abfahrende mit Getränken und Snacks versorgen können.

Pendler, die morgens mit dem Fahrrad kommen, haben die Möglichkeit, ihr Gefährt gegen eine Gebühr von fünf Euro im Monat in einer »Fahrradbox« unterzustellen. Bei einem Platten kann im Kiosk direkt geeignetes Flick- und Werkzeug erworben werden. Wer es weniger sportlich mag, seine Freizeit eher beschaulich verbringen möchte, kann im Bürgerpark spazieren gehen oder sogar bis nach Bramsche wandern, ohne die Natur ernsthaft verlassen zu müssen.

Adresse Bahnhofstraße 7, 49565 Bramsche | ÖPNV vom Bahnhof Osnabrück Regionalbahn RE 18, RB 58 oder Bus X610 bis zum Bramscher Bahnhof | Tipp Das Tuchmacher Museum – berühmt für sein »Bramscher Rot« – im Mühlenort 6 erzählt und zeigt, wie Stoff früher hergestellt wurde. 1824 arbeiteten in Bramsche 150 Tuchmachermeister.

3 Die Grafentafel

Einer für 'ne ganze Runde Picknick

Um plötzlich auftauchende Steinriesen ranken sich so einige Mythen mitten im Teutoburger Wald. Bekannt für den Mittelgebirgszug ist vor allem die Varusschlacht. Sie gilt als eine im Jahr 9 nach Christus wichtige kriegerische Auseinandersetzung der provinzialrömischen Epoche (Museum und Park Kalkriese zeigen zahlreiche Fundstücke).

An der Grenze zu Hagen a. T. W. liegt im Nordwesten des Holperdorper Tals ein markanter, durch Erosion freigelegter und von der Bevölkerung auch »Graffensten« genannter Sandsteinblock. Der monumentale Zeitzeuge, circa vier Meter hoch mit einem Umfang von ungefähr neun Metern, gibt Anlass zu sagenumwobenen Geschichten. Beim Grafenstein sollen während der Jagd der Graf von Tecklenburg und der Osnabrücker Bischof gemeinsam mit ihrem Gefolge gerastet haben. Eine Karte aus dem Grenzgebiet der Provinz Westfalen des Jahres 1841 hat dies vermerkt: »Die Grafentafel ist ein flacher Felsen, worauf die Grafen früher während der Jagd zu frühstücken pflegten mit zwölf Mann…«.

Sprachwissenschaftler bringen den ungewöhnlichen Namen mit dem Farbadjektiv grawe – gra – grau in Verbindung, das bei Grenzsteinen häufig verwendet wurde. Demnach wäre er nur ein kolossaler, grauer Grenzstein, dennoch könnte er als Picknickplatz des Hochadels gedient haben.

Weitere Deutungen weisen auf eine heilige Kultstätte – mit einer gewissen »Magie oder Kraft« des Ortes. Denn es gibt vorchristliche Spuren einer »dunklen Muttergottheit«, die beim Wunsch nach Kindersegen und Fruchtbarkeit an diesem »Opferstein« angebetet wurde. Biologen und Historiker betrachten das alles eher nüchtern. Der Felsen sei im Spätmittelalter durch Bodenerosion entstanden, demnach könne er gar nicht als vorchristliche Kultstätte genutzt worden sein. Vielleicht kreist gerade hoch oben über den Wipfeln ein Rufe ausstoßender Greifvogel und verstärkt atmosphärisch doch den Glauben an die ein oder andere Steingeschichte.

Adresse Zur Grafentafel, 49170 Hagen am Teutoburger Wald, Auskunft über Wegbeschreibung unter Tel. 05401/97759 oder www.hagen-atw.de/tourismus | **ÖPNV** vom Rosenplatz Bus M3, Haltestelle Hagen a. T. W. Zentrum, weiter mit Bus X493, Haltestelle Loheiden Knapp, von da Fußweg 24 Minuten bis Holperdorper Straße 3, dann links rein zur Grafentafel | **Tipp** Allein in Hagen gibt es noch die Duvensteine sowie den Breiten Stein. Wenn Sie lieber Deutschlands größte Kirschsortensammlung kosten wollen, können Sie unter oben genannter Telefonnummer eine Führung buchen.

4 Der Pottbäcker

Gebieter über Ton, Zwerge und Ziehharmonika

Es ist warm am Brennofen. Abwechselnd schiebt der alte Pottbäcker mit seinen sieben Söhnen Wache. Der Ofen muss drei Tage in Gang gehalten werden, denn vor dem Kuchen wird erst einmal die Kuchenform gebacken. Zum Zeitvertreib kommen Nachbarn, man erzählt sich Geschichten über Hüggelzwerge, modelliert sie, trinkt Wacholderschnaps und musiziert. So war es damals immer.

Die Analyse des Tons von Gefäßen, die man in Gräbern gefunden hat, ergab, dass schon vor 2.000 Jahren am Hüggel im Teutoburger Wald getöpfert wurde. Familie Niehenke fertigt hier seit 1799 bäuerliches Gebrauchsgeschirr.

Bernhard Niehenkes heutiges Reich fand sein Uropa um 1900, als die Produktion der Irdenware zu teuer wurde. Auf der Gemeindegrenze zwischen Hagen und Hasbergen kaufte er vier Morgen Land mit dicker Tonschicht, einem Energie liefernden Stauteich und genügend Brennholz. Später wurden aus Militärschrott erfinderisch Maschinen gebaut. Eine Walfangflotte zermahlte nun als Hammermühle die Tonerde, U-Boot-Teile sowie Panzermotoren kneteten oder portionierten Ton. Eine Konstruktion mit Fahrradfelgen bewegte im Paternosterverfahren Millionen von Blumentöpfen zum Lufttrocknen. Dreimal im Jahr setzt heute der Töpfermeister die infernalisch lauten Geräte für die Aufbereitung seiner keramischen Masse in Gang.

Die Liebe zur Keramik und Musik hat Niehenke von seinen Vorfahren übernommen – ebenso wie die Sage von den im Hüggel vorm Haus in Silbererzgruben arbeitenden Zwergen. Jede Menge davon stehen überall herum. Heute sind die kleinen Bergmänner das inoffizielle Maskottchen der Gemeinde Hasbergen.

Des Öfteren lässt Niehenke die eher introvertierte Welt des ewig gleichen Surrens der Drehscheibe, des staubenden Tonmehls und der Mielke-Pötte, Näpkes und Kümpkes hinter sich. Dann verwandelt sich sein Wohnzimmer in eine Bühne für Folk, Rock und plattdeutsche Lieder, die er traditionell auf der Quetsche begleitet.

Adresse Am Plessen 51, 49205 Hasbergen, Tel. 05405/3313, www.niehenke.eu | ÖPNV vom Bahnhof Bus 463 oder X 493, Haltestelle Am Plessen | Öffnungszeiten Mo–Fr 14–18 Uhr oder auf Anfrage | Tipp Der Silbersee, ein mit Wasser gefüllter Steinbruch, war bis 1937 in Betrieb. Seit Jahren trocknet er an bestimmten Stellen aus und ist dadurch begehbar (Führungen: Tel. 0541/5014217, info@geopark-terravita.de).

5 Das C&A-Tüöttenmuseum

Lieber Urlaub in Mettingen als auf Malle

Das Kaufhaus C&A sitzt im Pirelli-Haus in der Einkaufsmeile. Die Keimzelle des Modekonzerns befindet sich ebenfalls in Osnabrück – genauer gesagt 20 Kilometer entfernt in Mettingen im Tecklenburger Land. Hier begann im 17. Jahrhundert der Handel mit Leinen, der Tüötten- oder Töddenhandel, und auch die Erfolgsgeschichte der Gründer eines der größten Textildiscounter Europas: der Familie Brenninkmeijer. Als Wanderhändler verkauften ihre Vorfahren hochwertiges Leinen von Mettingen aus in die Niederlande. Gerhard Brenninkmeijer ging noch um 1900 mit dem Pack über Land.

Als Clemens und August Brenninkmeijer 1841 in der niederländischen Stadt Sneek ein Textilgeschäft eröffneten, verhalfen sie indirekt Jahrzehnte später Minirock und Bikini zum Durchbruch – C&A brachte diese als Erste auf den Markt. Die Mettinger nennen heute noch ihr Städtchen etwas ironisch »Sankt Brenninkmeijer«.

In den 1980er Jahren war allerdings Schluss mit der Macht des Clans. »C&A« stand nur noch für »cheap & awful«. Im Jahre 2000 ging es wieder aufwärts. Heute wird die Firma in sechster Generation geführt, gehört zu den größten Immobilienbesitzern Europas und bewegt Hunderte Millionen als Investor im Private-Equity-Geschäft. Die vielen Nachkommen aus aller Welt kehren mit sentimentaler Hingabe einmal im Jahr zur Urheimat ihrer Gründer zurück – mit holländischem Pass, der Familientradition treu.

Das Tüöttenmuseum im Zentrum von Mettingen möchte die Erinnerung an die Leinenhändler wachhalten. Der Heimatverein und Franz Brenninkmeijer bauten es 1962 in den Räumen des Gasthaus-Hotels Telsemeyer auf, das nun in seinem Innenhof durch drei miteinander verbundene, translozierte Fachwerkhäuser erweitert wurde.

Ein düsteres Kapitel der Firmengeschichte ist die enge Verstrickung mit dem Naziregime. Das Unternehmen profitierte davon, warb für dessen Partei und drangsalierte Juden. Erst 2016 stellte sich C&A seiner NS-Vergangenheit.

Adresse Eingang Hotel / Restaurant Haus Telsemeyer, Sunderstraße 2, 49497 Mettingen, Tel. 05452/5213 (Touristeninfo) oder 05452/9110 | **ÖPNV** vom ZOB stündlich S 10, Haltestelle Schultenhof | **Öffnungszeiten** Führungen nach Absprache mit der Touristeninfo, Eintritt frei | **Tipp** In der Georgstraße 18 wurde 2009 auf Initiative der Unternehmerfamilie Brenninkmeijer ein privates, exzellentes Kunstmuseum, die Draiflessen Collection, mit regelmäßigen Ausstellungen gegründet. Auch existiert ein Archiv der Familien- und Unternehmensgeschichte (Anmeldung unter Tel. 05452/91680).

6__Der älteste Aufzug

Im Rausch von Industrie-Nostalgie

Kies knirscht unter den Füßen. Zwei Innenhöfe sind durch einen kleinen Durchgang miteinander verbunden. Als Erstbesucher fehlt einem die Orientierung innerhalb dieses beeindruckenden Gebäudekomplexes in cooler Industrial-Schönheit mit gusseisernen Trägern und Säulen.

Seit den 1990er Jahren arbeiten Kreative mit den Schwerpunkten bildende Kunst, Fotografie, Architektur und Modedesign in der dreigeschossigen Fabrik mit Hallencharakter.

Noch weiträumiger breitete sich hier bis 1971 die Produktionsstätte für hochwertige Stilmöbel von Friedrich Friedemeyer aus, der die Anlage Anfang der 20er Jahre im Stil der Neuen Sachlichkeit erbauen ließ. Damals erwarben Prominente wie Boxer Max Schmeling seine begehrten Schlafzimmergarnituren. Um einen reibungslosen Transport der Möbelstücke zu gewährleisten, gab es einen Lastenaufzug, der auch heute noch funktionstüchtig ist. Er ist das älteste Exemplar seiner Art in Osnabrück.

»Vorsicht! Aufzug! Tragkraft 600 Kilo oder acht Personen einschließlich des Führers. Benutzung nur in Begleitung des Führers gestattet«, steht da auf einem urigen Schild. Trügerisch gemächlich wackelt der Aufzug des Fabrikats Weymann von 1938 zur nächsten Etage. Es riecht muffig, Panik steigt auf. An Seilwinden gekurbelte Drahtschnüre bewegen den hölzernen Fahrkorb nach oben. Keine Elektronik. Dabei blickt man seitlich durch ein Volierengitter in den Fahrstuhlschacht. Um die Etage mit dem Ausgang anzusteuern, muss man die Markierung im Inneren exakt per Knopfdruck anpeilen. Verpasst man sie, bleibt man stecken.

Das nächste Mal nutzt man den Lift besser bei einem der regelmäßig stattfindenden Gemeinschaftsevents der Künstler auf den Martinihöfen. Das ist entspannter. Dann wird er nämlich zur mobilen Bar umgemodelt und man kann in Ruhe mehrere gut gekühlte »Martinis« genießen.

Adresse Martinistraße 82–88 (Hinterhof), 49078 Osnabrück, www.paletot.de/martinihoefe | **ÖPNV** vom Neumarkt Bus 17, M 4, Haltestelle Uhlandstraße | **Tipp** Das keine zehn Gehminuten entfernte und 1668 unter den Welfen erbaute Barockschloss glänzt mit dem langsamsten gläsernen Fahrstuhl der Stadt.

7 Der älteste Grenzstein

Je oller, desto doller

In der Osnabrücker »Wüste« kann man am Pappelgraben entlangschlendern und fast an einem überaus wichtigen Denkmal achtlos vorbeilaufen. Denn auf der Brücke, an der der Pappelgraben die Straße »Quellwiese« unterquert, stehen drei völlig unscheinbare Steine, von Flechten und Moos fast bis zur Unkenntlichkeit überwachsen.

Der größte ist der älteste Grenzstein Osnabrücks, von dem nur noch die Spitze zu sehen ist. Erfreulicherweise wurden Grenzsteine in früheren Jahrhunderten nicht nur mit Buchstabenkürzeln und fortlaufenden Nummern, sondern auch mit Jahreszahlen, Wappen oder Symbolen versehen. In diesem Fall ist der große Stein mit den Initialen »M. L.« und der Jahreszahl »1699« beschriftet. In die beiden kleineren rechts und links daneben sind die laufenden Nummern der Grenzmessung eingemeißelt. »M. L.« steht für »Martinianer Laischaft«, eine von fünf Weide-Genossenschaften im Spätmittelalter, die nach den Stadttoren benannt waren, vor denen die Weidegründe lagen und zu denen das Vieh hinausgetrieben wurde. Bis heute bestehen die Heger- und die Herrenteichs-Laischaft fort und verwalten ihren Forst- und Immobilienbesitz.

Die »Wüste« blieb allerdings im Gegensatz zu den anderen vier Laischaftsgründungen zunächst Allgemeinbesitz. In der Talsenke zwischen Kalkhügel und Westerberg existierte nur Sumpfgebiet, das als Weideland ungeeignet war. Vermutlich wurde hier Torf gestochen, das Land später aber durch Trockenlegung fruchtbar gemacht.

Das geschah 1648 durch die Martinianer Laischaft, die Verwalter für den Bürgermeister Gerhard Schepeler war. Er ließ eine Grenzlinie zwischen die Feldmark der Altstadt und Neustadt ziehen, indem er eine gerade Linie vom Pappelgraben direkt auf den Turm der Katharinenkirche ausrichtete.

Heute ist die historische Linie noch genau sichtbar durch den Pappelgraben, der erst 1781 zum Zwecke der Entwässerung ausgehoben wurde. Seinen Abschluss bildet Schepelers Grenzstein.

Adresse Quellwiese, am Pappelgraben, 49080 Osnabrück | **ÖPNV** vom Neumarkt Bus 19, Haltestelle Quellwiese | **Tipp** Wer in der Wüste Durst bekommt, der sollte sich zu einer der wenigen noch übrig gebliebenen Eckkneipen ganz in der Nähe an der Parkstraße begeben.

8 Der älteste Profanbau

Mini-Festungen und Warenbunker für Generationen

Welcher ist einer der schönsten Hinterhöfe der Altstadt? – Der mit dem ältesten Steinwerk der Stadt natürlich. Erbaut wurde es um 1220. Hier steht Mittelalter. Das vollständig erhaltene Gebäude mit Dachgewölbe (!) ist seit 2010 Sitz der Denkmalpflege und kann, wann immer die Tür offen steht, besichtigt werden.

Die überall im Altstadtviertel verteilten Häuserblocks fallen erst bei näherem Hinsehen auf, schaut man doch zunächst nur auf kunstvolle Fachwerkfassaden, hinter denen sich kleine Geschäfte verbergen und die über die ursprüngliche Funktion der Anlage hinwegtäuschen. Die rückwärtigen Anbauten dienten zu Lager-, Kontor- und wohl auch zu Repräsentationszwecken, aber wichtiger noch: Sie fungierten als Zufluchtsstätten bei Bränden, waren sozusagen mittelalterliche »Panikräume« – vorwiegend für reiche Bürger, die über die finanziellen Mittel für einen solchen zusätzlichen Bau verfügten.

Es ist für die zweite Hälfte des 13. Jahrhunderts belegt, dass mindestens drei große Stadtbrände Osnabrück eingeäschert haben, ein weiterer Brand wütete 1394. Oft war die offene Feuerstelle in den vorgelagerten Holzfachwerkhäusern der Grund. Und noch am 11. März 1613 war im Hofhaus zur Twente an der Schweinestraße 5, der heutigen Marienstraße, ein Feuer ausgebrochen. Scheunen, Ställe und Fachwerkhäuser wurden wegen eines heftigen Südwestwindes mit großer Geschwindigkeit erfasst. Das Ausmaß war verheerend. Der letzte große Brand ereignete sich im späten 19. Jahrhundert direkt um die Ecke in der Bierstraße. Doch dicke Steinmauern, mehrere Stockwerke, winzige Fensteröffnungen und hochgezogene Zugänge trotzten sowohl Feuern als auch Räubern und dem Bombenangriff 1944. In wenigen Städten finden sich heute noch so viele robuste Brocken, die derart vollständig erhalten sind. Rund 35 dieser mittelalterlichen bis frühneuzeitlichen sogenannten Kemenaten haben überlebt.

Eine Karte mit den vorhandenen Steinwerken erhält man beim Denkmalamt.

Adresse Bierstraße 7, 49074 Osnabrück | ÖPNV vom Neumarkt Bus 10, 11, 15, 586, M2, Haltestelle Heger Tor | Öffnungszeiten Mo–Fr 10–13 und 15–18 Uhr | Tipp In der Marienkirche gibt eine Tafel über den Brand von 1613 Auskunft: »Ao. 1613 d. 11. Mart Sindt in dieser Stad durch verhangniß Gottes 942 Häuser sampt dieser Kirch und Thurm verbrandt.« Parallel dazu ging die Wirtschaft durch den Niedergang der Hanse den Bach runter.

9 Der angelnde Hase

Meister Lampe fischt nach manch Glockenspiel

Noch kann der »Stadt-Hase« nur an einem Teilstück des gleichnamigen Flusses »Hase« angeln. Doch das ändert sich in naher Zukunft. In der Straße »Öwer de Hase« kommt auch der letzte überbetonierte Abschnitt des Flussbetts wieder ans Licht.

Das bringt den angelnden Hasen bestimmt auf Vordermann, ist er doch tierisches Lieblingsmotiv des documenta-8-Teilnehmers Heinrich Brummack – ähnlich wie bei Joseph Beuys, für den der Hase jedoch die Inkarnation von Geburt und Tod darstellte. Damit griff er sein eigenes traumatisches Erlebnis auf, als er 1944 während eines Kriegseinsatzes auf der Krim abstürzte und von Tartaren gerettet wurde. In archaischer Tradition stellten sie ihm brennende Kerzen in Form eines Hasen ans Bett. Der Wahrheitsgehalt dieser Schilderung wird bis heute kontrovers diskutiert, doch das Ritual gibt es, denn der Hase ist dort Lichtbringer und -bewahrer.

Bei Brummack steht der Hase für Freiheit, Liebe und Freundschaft – ganz einfach. Und er spielt natürlich auf die Situation am Flüsschen an: »Ich liebe die Heiterkeit und die Ironie, wie man sie beispielsweise bei Heinrich Heine oder Erich Kästner findet.« Des Bildhauers Skulpturen stehen am Berliner Flughafen Tegel, in Köln und Düsseldorf, ebenso in Nikosia und Osaka – mit viel Spaß haben sich seit 1999 auch andere Hasen in verschiedenen Städten vermehrt.

Was den Osnabrücker Hasen bestimmt freut: Gleich neben ihm beginnen regelmäßig zur vollen Stunde 16 kleine und große Glocken ein Lied zu läuten. Entsprechend den Jahreszeiten ist ein unterschiedliches Repertoire zu hören, und das schon seit den 1960er Jahren. Das Glockenspiel an der Fassade des ältesten Juweliergeschäfts der Stadt, Haus Kolkmeyer, gegründet 1884, wird mittels Papierrollen mit eingestanzten Liedern über ein elektrisches Schlagwerk betrieben.

Mögen die Melodien der in den Niederlanden hochwertig gefertigten Glocken und der angelnde Hase noch lange die Passanten nahe der Großen Straße erfreuen.

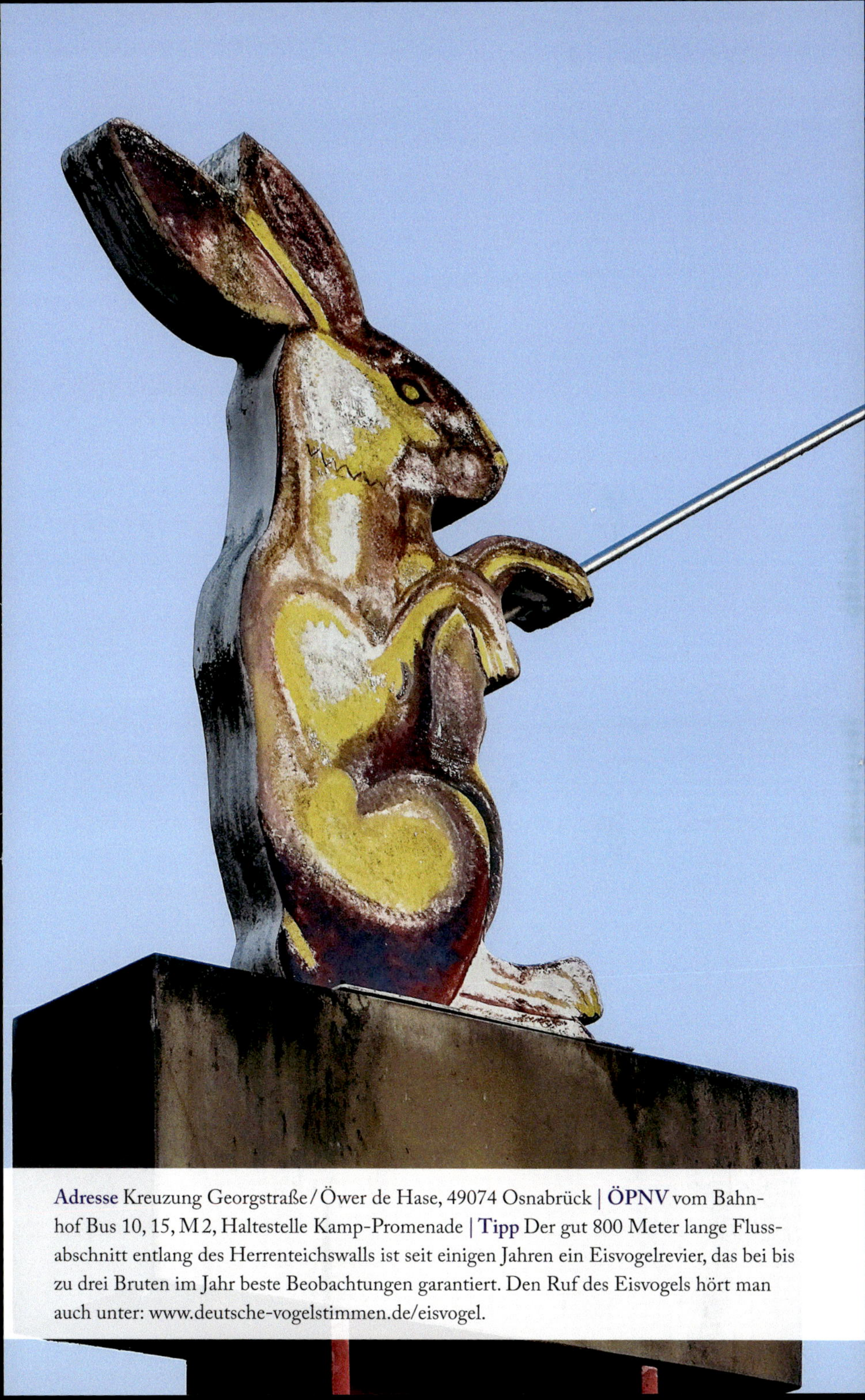

Adresse Kreuzung Georgstraße / Öwer de Hase, 49074 Osnabrück | **ÖPNV** vom Bahnhof Bus 10, 15, M 2, Haltestelle Kamp-Promenade | **Tipp** Der gut 800 Meter lange Flussabschnitt entlang des Herrenteichswalls ist seit einigen Jahren ein Eisvogelrevier, das bei bis zu drei Bruten im Jahr beste Beobachtungen garantiert. Den Ruf des Eisvogels hört man auch unter: www.deutsche-vogelstimmen.de/eisvogel.

10 Die Armreliquien

Wahn und Wunder: jede Menge Heiligenkult

»Tolle Angebote für Reliquien« preist Ebay an. Gegen den »gotteslästerlichen Internet-Handel« mit »sterblichen Überresten von Heiligen« protestierte 2008 Kardinal José Saraiva Martins, damaliger Chef der römischen Heiligsprechungskongregation. Zudem befürchtete er, die Reliquien könnten für satanistische Rituale missbraucht werden.

Die bekannteste Reliquie ist das Turiner Schweißtuch Christi. Erst 2015 stellte man es wieder 45 Tage lang im Turiner Dom aus – zum Leinen pilgerten um die zwei Millionen Menschen. Im Mittelalter behaupteten sogar mehrere europäische Kirchen, sie hätten Jesu Vorhaut – von seiner Beschneidung im Tempel – als heilkräftige Reliquie in ihrem Besitz. In Calcata bei Rom noch bis 1983 in Prozessionen öffentlich gezeigt, verschwand sie schließlich auf Betreiben des Vatikans. Für Martin Luther und die Reformation waren Reliquien »ein tot Ding«, »nutzlose Hunds- und Rossknochen«.

Die Domschatzkammer im Diözesanmuseum bewahrt 48 Zentimeter lange Armreliquiare des Crispin und Crispinian aus dem 12. Jahrhundert auf. Mit ihren strahlenden Edelmetallen und funkelnden Edelsteinen sollen sie den Glanz des Himmels widerspiegeln, in dem die Heiligen wohnen. Zumindest der Überlieferung nach soll es sich um Armknochen der beiden Heiligen handeln – für die Gläubigen sind sie unzweifelhaft real und wirkmächtig.

Karl der Große hatte die Gebeine der beiden Märtyrer aus der Stadt Soissons nordöstlich von Paris als Geschenk zur Gründung des Bistums nach Osnabrück überführen lassen. Um den christlichen Glauben zu verbreiten, hatten sich beide Brüder trotz ihres Reichtums für die »niedere« Tätigkeit des Schusterhandwerks entschieden. Deshalb sind die Bistumspatrone auch Schutzheilige der Schuster und Gerber. Sie erlitten während der diokletianischen Christenverfolgung (seit 303) das Martyrium. Verschiedene makabere Versionen existieren von ihrer grausamen Hinrichtung. An ihrem Todestag, dem 25. Oktober, wird alljährlich eine Messe im Dom gelesen.

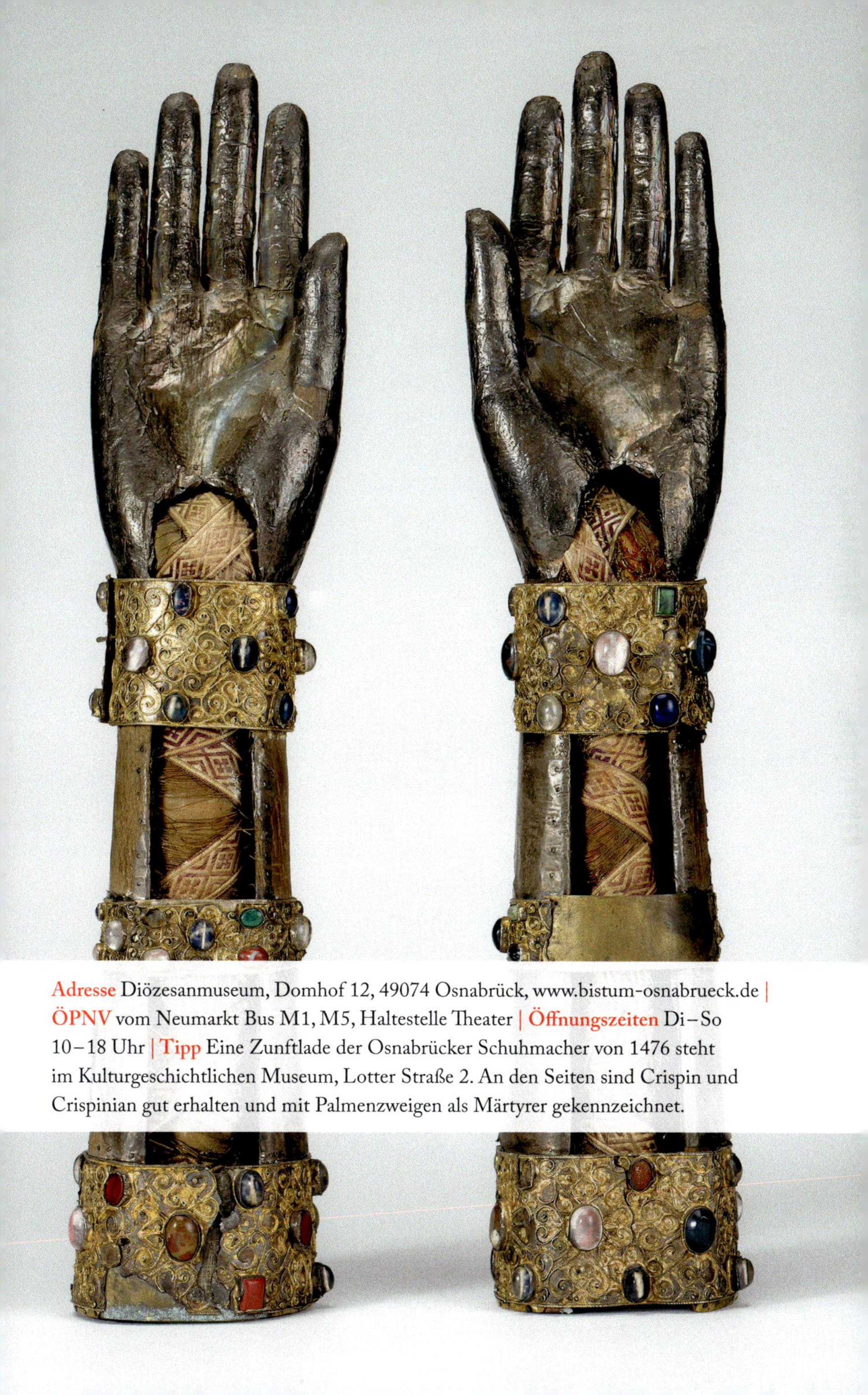

Adresse Diözesanmuseum, Domhof 12, 49074 Osnabrück, www.bistum-osnabrueck.de | **ÖPNV** vom Neumarkt Bus M1, M5, Haltestelle Theater | **Öffnungszeiten** Di–So 10–18 Uhr | **Tipp** Eine Zunftlade der Osnabrücker Schuhmacher von 1476 steht im Kulturgeschichtlichen Museum, Lotter Straße 2. An den Seiten sind Crispin und Crispinian gut erhalten und mit Palmenzweigen als Märtyrer gekennzeichnet.

11 Der Baldachinschrein

Beichten, beten, Buße tun

Ein Flammenmeer aus Kerzen leuchtet Tag für Tag am Ikonenbild Marias in der Kapelle im Südwestturm des Doms. Ein Ort, an dem Menschen mit der Bitte um Hilfe und Trost Kerzen entzünden. Maria erinnert an ihre immerwährende Hilfe – sie überließ sich der Barmherzigkeit Gottes, nur so kann die Liebe Jesu Christi in uns wachsen. Das bezeugten stark gläubige Menschen, so auch Bruder Rainer, der standhaft auf Gottes Erbarmen setzte. Sein märchenhafter goldener Baldachinschrein steht neben den unzähligen Lichtern und hütet seine Gebeine.

Er schlug den Weg des Leidens Christi ein. »Wer mir nachfolgt«, sagt Jesus, »hat das Licht des Lebens« (Johannes 8,12). Schwer zu glauben angesichts der masochistischen Kasteiungen, denen sich Rainer hingab. Um das Jahr 1211 kam er, aus vornehmem Geschlecht stammend, aus den Niederlanden, bat um eine Klause und blieb. Über 20 Jahre lang hauste er in einer engen Zelle mit Blick auf Altar und Kruzifix neben dem Westchor. Er muss ein beängstigendes Bild abgegeben haben. Den Quellen nach trug er auf bloßer Haut ein Kettenhemd, darüber ein raues Gewand, dessen starre Borsten aufgrund des darübergelegten Eisenpanzers durch die Maschen den Körper zerstachen. Seine nackten Zehen quetschte er in Eisenringe und geißelte sich mit knotigen Stricken, bis das Blut floss. Wenn er mit frommen Männern sprach, legte er einen Stein in den Mund, um sich vor überflüssiger Rede zu hüten.

Der Eremit lebte fastend, beichtend und auf Knien betend unter großer Entsagung bis zu seinem Tod 1238. Obwohl er Wunder bewirkt haben soll, wurde er nicht heiliggesprochen, wird aber im ökumenischen Heiligenlexikon geführt. Für die Zeit um 1465 ist überliefert, dass viele ihn an diesem Baldachinschrein verehrten.

Darüber hinaus kann man die Gedenktafel des seligen Bischofs Niels Stensen betrachten. An andere Helden im Dom erinnern die Gedenktafeln für die von den Nazis verfolgten »Lübecker Märtyrer«.

Adresse Domplatz, 49074 Osnabrück | ÖPNV vom Neumarkt Bus M1, M5, Haltestelle Theater | Öffnungszeiten Mo–Fr 6.30–19.45 Uhr, Sa 7.30–19 Uhr, So 7.30–20 Uhr | Tipp An der Gymnasialkirche neben dem Dom ist an der Frontseite ein Abguss der Kreuzigungsgruppe von 1520 angebracht, das Original befand sich einst an der ehemaligen Klosterkirche der Augustiner direkt am Neumarkt, heute ist das kunsthistorisch wertvolle spätgotische Werk in der Herz-Jesu-Kirche am Erich-Maria-Remarque-Ring.

12 Der barocke Hochaltar

Kleine Rarität auf großem Fleck Geschichte

Den Bürgerpark und die unmittelbar danebenliegenden Komplexe von Gertrudenkloster und Kirche umgibt ein Fluidum romantischen Naturglücks und historischer Größe. Vor 1.000 Jahren führten auf sandigem Boden Fahrspuren von Viehfuhrwerken und ausgetretene Fußwege hoch hinauf zum Gertrudenberg. Ganz in der Nähe, oberhalb der Hase, befand sich die Handelskreuzung mit Wegen in alle Himmelsrichtungen – nordwestlich zum Beispiel ungefähr nach Bramsche bis hin zum Emsland und weiter zur Nordsee.

Benno II., 1068–1088 Bischof von Osnabrück, gründete die romanische Klosterkirche, aus der durch Udo von Steinfurt später das Benediktinerinnenkloster Sankt Gertrud hervorging, für das erst Philipp von Katzenelnbogen während seiner Amtszeit als Bischof Klosterfrauen gewann.

In der Gertrudenkirche steht Osnabrücks einziger erhaltener Hochaltar aus der Barockzeit, geschaffen 1729 von Thomas Simon Jöllemann. Zweigeschossig verdeckt er die Ostseite des Chores. Nach mehreren Umzügen von Neuenkirchen bis hin zum Provinzialmuseum Hannover fand der rund 290-Jährige nach einer grundlegenden Restaurierung 1980 wieder zu seinem ursprünglichen Zuhause zurück. Das romanische, einschiffige Gotteshaus aus Bruchsteinen mit einem nach Süden gerichteten Kreuzarm, einjochigem Chor und Westturm wurde um 1235 vollendet. Einige romanische Rundbögen an Portalen und Fenstern sind noch erhalten. Übrigens schrieb Erich Maria Remarque in seinem Roman »Der schwarze Obelisk«, die Hauptfigur habe hier als Organist gespielt.

Im Erdgeschoss des Turmes befindet sich eines der ältesten begehbaren Gebäude Osnabrücks aus dem 8. Jahrhundert: die Michaeliskapelle, deren Vorgängerbau wiederum vermutlich ein heidnisches Heiligtum war, die man üblicherweise an belebten Handelskreuzungen errichtete. Auch die Namensgeberin des Klosters Gertrud von Nivelles wird als Heilige des fahrenden Volkes verehrt.

Adresse Senator-Wagner-Weg 8, 49088 Osnabrück | **ÖPNV** vom Bahnhof Bus 14, 15, 174, 512, 533, Haltestelle Gertrudenberg | **Tipp** In der Klosterstraße 27 wird im Hinterhof der alten Eisengießerei alles, was mit dem Tischlerhandwerk zu tun hat verkauft, Tel: 0541/20060881, www.holzinform-seibt.de.

13 Die beste Aussicht

Alles im Blick und auf Grün schalten

Der Tuchhändler Senator Gerhard-Friedrich Wagner (1769–1846) war naturverbunden, versponnen, bürgernah – und hatte eine ganz besondere Gestaltungsidee zum Wohle seiner Mitbürger: Ein Lustgarten sollte die wüsten Steingruben an der Westseite des Gertrudenbergs ersetzen. So entstanden auf einer Fläche von sieben Hektar die Anfänge des Bürgerparks. Danach gründete er den »Verein zur Verschönerung Vaterländischer Fluren 1835«. 1876 wurde der historische Garten zum Stadtpark umgestaltet und erweitert. 1885 formierte sich wieder ein neuer Verein, der das Erbe des Senators bis heute weiterführt und 1907/08 den westlichen Rand des Bürgerparks um den »Rosengarten« erweiterte. Daran erinnert noch eine monumentale Steinvase des Künstlers Heinrich Wulfertange. Momentan gedeiht hier ein Staudengarten, weil Bodenmüdigkeit und ungünstige Bedingungen dazu führten, dass die sonnenhungrigen »Königinnen« die Köpfe hängen ließen.

In direkter Nachbarschaft, unter der heutigen Aussichtsplattform, grub man um 1870 einen kubischen Kellerbau. Im Winter wurde er mit Eis gefüllt, das sich bis in den folgenden Sommer hielt und den hier ansässigen Brauereien ein kühles Bierlager bot. Im Krieg diente er als Luftschutzbunker, dann als Fledermausquartier. Zurzeit ist der Bürgerpark circa 15 Hektar groß und besitzt alte, wertvolle Baumbestände mit beinahe 450 Einzelbäumen und 2,7 Hektar Wald sowie einen Teich und Parkelemente, die gegenüber dem Ursprungszustand noch weitgehend unverändert geblieben sind.

Zum weiten Ausblick vom 97 Meter hohen Gertrudenberg gelangt man an der Klostermauer entlang über die archaische Lindenallee am Nordhang. Die Steine der Mauer stammen aus dem unterirdischen Kalksteinbruch der Gertrudenberger Höhlen. Ein Durchgang führt direkt auf das Klostergelände und zur Weitsicht auf Kirchtürme mit dem Teutoburger Wald am Horizont – eine Aussicht, die einen nie wieder loslässt.

Adresse Am Gertrudenberg, 49088 Osnabrück | **ÖPNV** vom Bahnhof Bus 14, 15, 174, 512, 533, Haltestelle Gertrudenberg, dann über den Senator-Wagner-Weg; Bus 157, M5, Haltestelle Am Bürgerpark oder Roopstraße | **Tipp** Unterhalb des Gertrudenbergs geht es an Schrebergärten vorbei zum »BUND-Garten«. Stauden, Obstbäume und Kräuter können bei verschiedenen Veranstaltungen oder nach Terminvereinbarung über die Geschäftsstelle des BUND besichtigt werden (Tel. 0541/2003977).

14 Die Bettfedernfabrik

Wie man sich bettet, so schläft man …

Ein Schlot reckt sich in den Himmel, zu seinen Füßen herrscht Betrieb. In den Fenstern vertreiben immer mehr Lichter die einbrechende Dunkelheit. Der Mann hinter dem Fenster ist Physiotherapeut. Er gehört zum Team des Medicos-Zentrums, einer komplett ambulanten und medizinischen Rehabilitationsklinik auf dem renovierten Fabrikareal, aus der man abends wieder nach Hause geht. Als die Gesundheitsinstitution im Jahr 2002 gegründet wurde, galt sie als erste Einrichtung dieser Art in Niedersachsen.

Der große Schornstein, die Bauart und das nahe gelegene Parkhaus mit dem »Enten-« oder »Gänsedeck« sind letzte Zeugen der früheren Nutzung. Bis zum Jahr 2001 flogen hier die Federn der Bettfedernfabrik Künsemüller & Co., die 1883 parallel zur Erfindung der Dampfreinigung ihren Betrieb aufnahm. Zunächst am Steinwerk Ledenhof, dann, Anfang des 20. Jahrhunderts, in der Weidenstraße. Die Devise des Firmengründers und Senators von Osnabrück Hans Künsemüller (1853–1936) lautete: »Unsere Aufgabe ist es, Menschen einen gesunden, erholsamen Schlaf zu schenken.«

Angestellte wohnten gleich auf dem Betriebsgelände. Sie entstaubten, wuschen, trockneten, dämpften, sortierten, verpackten und verschickten die Bettfedern und Daunen. Die Nassreinigung erfolgte noch auf mechanische Art. Damals prägte die Industrie-Architektur das ganze Martiniviertel, die Karmann-Hallen lagen gleich daneben in der Weidenstraße 15. Am Eingang hängt der damalige Firmenbriefkopf vergrößert als Bild: Drei Schlote ragen aus einer riesigen, quadratisch angelegten Anlage.

Andere Bettfedernfabriken wurden im Zweiten Weltkrieg ausgebombt: die heute in Kettenkamp ansässige ARO Artländer Bettenfabrik, die Großkopff'sche in der Großen Straße 75 und Julius Huneke in der Neulandstraße 10 im Fledder. Das Bramscher Unternehmen Sanders-Kauffmann GmbH integrierte 2002 den in Familienbesitz befindlichen Bettfedernhersteller Künsemüller.

Adresse Weidenstraße 2–4, 49080 Osnabrück | **ÖPNV** vom Neumarkt/Hauptbahnhof Bus 17, 401, X492, M4, X493, Haltestelle Uhlandstraße | **Tipp** In der Katharinenstraße 79, im privaten, denkmalgeschützten Haus, stellt ein kleiner Schmuckladen immer mittwochs, freitags und samstags seine selbst entworfene Kollektion aus (www.designselect.de).

15 Der Bewegungspark

Alle mal hierher!

»Das Leben besteht in der Bewegung«, so formulierte es der griechische Philosoph Aristoteles vor rund 2.350 Jahren. Und was macht der Stadtmensch, wenn die Sonne scheint und er sich bewegen möchte? Raus vor die Tür und gleich zum nächsten grünen Abschnitt gehen.

Up and down and up and down wippen zwei ältere Menschen mit der Schiffschaukel auf dem Mehrgenerationenspielplatz. Anwohner nennen sie auch das »Surfbrett«.

Am viel befahrenen Schlosswall liegt ein Park mit Bänken und gigantischen Bäumen, die Wege sind mit Piesberger Splitt befestigt. Er ist etwas Besonderes, denn seit 2010 stehen acht Trainingsgeräte sowohl für Senioren als auch für Jüngere hier: die Schiffschaukel, die Stepper (Hüfttrainer), bei denen man sogar zu zweit nebeneinander treten kann, und ein Cross- und ein Tai-Chi-Trainer (Schultergürteltrainer). Zudem kann man auf Balancebalken klettern, am Reck hängen oder auf dem Trampolin springen. Letzteres steht beim Kinderspielplatz, der schon 2009 fertiggestellt wurde. Hinzu kommt noch ein Bouleplatz. Einige Geräte sind mit Erklärungen und QR-Codes versehen, mittels derer Smartphone-Nutzer zusätzliche Trainingstipps abrufen können.

Die Idee, den demografischen Wandel beim Anlegen des Spielplatzes zu berücksichtigen, kam bei einem Besuch in der Partnerstadt Çanakkale auf. »Wir haben danach überlegt, wo ein geeigneter Ort ist, und vor allem, ob die Geräte hier so gut ankommen wie in der Türkei«, sagt Hartmut Damerow, Abteilungsleiter beim Servicebetrieb.

Trotz seiner Lage am lärmenden Stadtring spendet der Park dennoch Ruhe und dank des schönen alten Baumbestandes im Sommer den ersehnten Schatten. Der Platz wurde häufig umbenannt: Erst 1925 angelegt, hieß er zur Zeit des Nationalsozialismus 1933 »Hindenburgplatz«, 1951 erfolgte die Umbenennung in »Neustädter Platz«, und von 1962 bis 1993 hieß die Grünfläche dann »Platz des 20. Juli«. Seitdem trägt die Anlage ihren heutigen Namen: Willy-Brandt-Platz.

Adresse Willy-Brandt-Platz, 49074 Osnabrück | ÖPNV vom Neumarkt Bus 14, Haltestelle Agentur für Arbeit | Tipp Der Naturspielplatz in der Spichernstraße 52 (auch über die Rudolfstraße 20 zu erreichen) inmitten eines Wohnblocks ist für Urban Gardening konzipiert. Dank des Programms »Soziale Stadt«, das im Rosenplatzquartier umgesetzt wird, haben auch ältere Bewohner hier einen lauschigen Begegnungsort.

16 Die Bischöfliche Kanzlei

Seltener Besuch vom letzten Fürstbischof

Am Domhof steht die Bischöfliche Kanzlei, der erste klassizistische Bau der Stadt, und erinnert an die Regentschaft des jüngsten Landesherrn aus dem englischen Königshaus. Über dem Portal ist das englische Wappen verewigt. Friedrich von York hieß der Prinz in Osnabrück, Friedrich von Osnabrück in England. Die konfessionelle Spaltung in Stadt und Land führte im Westfälischen Frieden von 1648 zu einer einzigartigen Regelung: Osnabrück musste abwechselnd von einem katholischen und einem protestantischen Fürstbischof regiert werden, deren Ziel es jeweils war, möglichst lange die Macht zu behalten. Kein Wunder also, dass die Lebenserwartung des Regenten zum wichtigsten Kriterium wurde. So war Friedrich, zweiter Sohn König Georgs III., geboren 1763, noch kein Jahr alt, als die Dignitäre des Domkapitels das Wickelkind zum Landesherrn des Bistums Osnabrück beriefen. Er war keine vier Jahre alt, als der britische Entdecker Philip Carteret ihm zu Ehren ein Südseeatoll namens »Moruroa« auf den Namen »Osnabrück« (»Osnaburg«) taufte – zu sehen auf einer englischen Seekarte von 1840 im Übersee-Museum in Bremen.

Für die Regierungsgeschäfte brauchte der kleine Prinz einen Vormund: den Staatsmann Justus Möser. Dieser tilgte die Schulden aus dem Siebenjährigen Krieg und verhalf der Wirtschaft im Hochstift zu einem bescheidenen Aufschwung, was sich auch in der Baukunst widerspiegelt. Die Bischöfliche Kanzlei eröffnete um 1780 den Reigen der klassizistischen Bauten in Osnabrück. Ein schlichtes Gebäude mit Mittelrisalit, Giebeldreieck und Eckrustifizierung, doch noch mit einzelnen Bindungen an den Barock.

Der Namenspatron des Moruroa-Atolls, Friedrich von York, ließ sich hier nur selten blicken. Seine große Liebe galt dem Militär, nicht den geistlichen Geschäften. 1802 übertrug er das Fürstbistum seinem Vater Georg III. Damit wurde aus dem Hochstift ein Bestandteil des Königreichs Hannover.

Adresse Hasestraße 40a, 49074 Osnabrück | ÖPNV vom Neumarkt Bus M1, M5, Haltestelle Theater | Tipp Beim Rathaus stand Justus Mösers (berühmter Staatsmann, Literat, Jurist und Historiker, 1720–1794) Geburtshaus, das im Zweiten Weltkrieg zerstört und wieder neu aufgebaut wurde – heute Café am Markt. Eine Hinweistafel gibt Auskunft.

17 Die Bogenbrücke

Wo verloren geglaubte Dinge auferstanden

Das spektakuläre Felix-Nussbaum-Haus von Daniel Libeskind betreten rund 80.000 Besucher pro Jahr. Ein solch kongeniales Gebäude mit Sichtbeton-, Blech- und Holzfassade stellt weitere architektonische Besonderheiten in den Schatten – wie zum Beispiel die kurz vor Baubeginn 1996 entdeckte, im Erdreich darunter liegende dreibogige Steinbrücke aus dem 17. Jahrhundert.

Zu Zeiten Napoleons war diese geschleift worden. Sie behinderte den Wagenverkehr, und aus dem alten Stadttor sollte ein neues Triumphtor, das »Heger Tor«, zur Erinnerung an die Schlacht bei Waterloo entstehen.

Die Torwege in die Stadt führten über inselartige Ravelins innerhalb des Grabens, um Angreifer auf Distanz zu halten und das alte Stadttor gegen Kanonenbeschuss zu sichern. Die Bogenbrücke überspannte den alten Stadtgraben zur Bastion und hatte mit ihren knapp sechs Metern Breite Platz für einander begegnende Fuhrwerke. Unter der Sohle des Stadtgrabens, direkt vor dem mittleren Brückenfeld, kamen Überreste einer stadtauswärts führenden hölzernen Vorgängerbrücke zum Vorschein, die mittels dendrologischer Untersuchungen auf das Winterhalbjahr 1642/43 datiert werden konnte. In die 15 Meter lange, vollkommen erhaltene Brücke wurde ein nach Norden abgebrochener Fundamentrest integriert. Er war früher vermutlich eine Verbindung zur heute noch 400 Meter langen »Hohen Mauer« von 1280 am Westerberg.

Der Zufallsfund der Brücke am Ravelinstandort war im Nachhinein eine der ergebnisreichsten archäologischen Untersuchungen zur Baugeschichte städtischer Festungsanlagen in Niedersachsen.

Heute gehen moderne und historische Architektur eine Symbiose ein. Der Zugang zum Nussbaum-Haus führt durch einen Gang über die frühneuzeitliche Bogenbrücke. Symbolisch bildet sie einen Brückenschlag zwischen Alltagswelt und Vergangenheit – ein Schritt in Richtung Reflexion, Erkenntnis, Versöhnung und Frieden.

Adresse Lotter Straße 2, 49078 Osnabrück | **ÖPNV** vom Neumarkt Bus 10, 11, 15, 586, M2, Haltestelle Heger Tor | **Tipp** Sehenswert ist das Königliche Realgymnasium in der Lotter Straße 6. Die Medaillons mit männlichen Porträts im oberen Fries sind noch nicht identifiziert, gebaut wurde es vom Stadtbaumeister Wilhelm Richard, der den Rundbogenstil der Stadt etablierte.

18 Die Bonnuskirche

Ein Zelt aus Kupfer

Die Weststadt kann mit einem kleinen Bauwunder aufwarten. Völlig unvermittelt erblickt man es in einer ruhigen Wohngegend beim Einbiegen in die Bredowstraße neben der Illoshöhe. Schlank erhebt sich ein 50 Meter hoher, frei stehender Turm in den Himmel, dahinter das fast bis zur Erde reichende Dach des weiß geziegelten Kirchenbaus. Turm und Dach sind aus Kupfer. Hier steht eine der wenigen Zeltkirchen Norddeutschlands: die evangelisch-lutherische Bonnuskirche. Entworfen und gebaut vom Hamburger Architekten Otto Andersen (1924–1981), wurde sie 1964 eingeweiht. Im Bereich des modernen Kirchenbaus der 1950er und 1960er Jahre hat die Stadt eindeutige Akzente gesetzt.

Das Zelt ist eine Metapher auf die mobile Gesellschaft, die nomadische Existenz. Einerseits erinnert es uns daran, dass wir das wandernde Gottesvolk sind, das in der Wüste unter dem Zeltdach Schutz suchte, andererseits an einen Stall, der Hirte und Herde beherbergt. Ebenfalls zur christlichen Symbolik gehören die dreieckige Form der Dachfenster sowie der gemauerten Rückwand des Altarraums und das dreieckige Oberlicht, das enorme Helligkeit auf den Altar fallen lässt und zusammen mit der Fichtenholzverkleidung eine angenehme Atmosphäre schafft. Das Dreieck steht für die christliche Dreieinigkeit von Vater, Sohn und Heiligem Geist. Ursula Querner (1921–1969), bekannte Bildhauerin aus Hamburg, schuf den bronzenen hängenden Christus am Altar – mal ohne der traditionellen Ikonografie des leidenden Jesu am Kreuz.

Benannt ist die Kirche nach Hermann Bonnus, dem »Reformator« aus Quakenbrück, einem Wittenberg-Schüler Martin Luthers und Philipp Melanchthons. Er war leitender Geistlicher von Lübeck und maßgeblich an Luthers Bibelübersetzung in die niederdeutsche Sprache beteiligt. 1534 herausgegeben, wurde sie sein Handexemplar. Nur 45 Fahrminuten von Osnabrück entfernt kann man sein Geburtshaus in der Goldstraße 9 besuchen.

Adresse Obere Martinistraße 54, 49078 Osnabrück, www.bonnuskirche-os.de | ÖPNV vom Neumarkt Bus 19, M4, X492, Haltestelle Kurt-Schumacher-Damm | Tipp Zum regelrechten Auftanken für allerlei eignet sich die Q1-Tankstelle am Kurt-Schumacher-Damm 31: große Auswahl an Lebensmitteln, frische Brötchen und Smartphone-App »zahlz«.

19__Die Brauerei

Wo das Bier floss

Wird in der Hasestraße gebraut, liegen Hopfen, Malz und Hefe in der Luft. Im historischen Fachwerkhaus mit Krüppelwalmdach und einem der wenigen erhaltenen Barockgiebel Osnabrücks befindet sich die letzte Hausbrauerei der Stadt, das »Rampendahl«. Pro Brauvorgang werden hier 2.000 Liter Bier hergestellt. Das Gründungsjahr der Brauerei ist unbekannt, jedoch erbte sie den Namen um 1430 von der Protestbewegung einer Handwerkervereinigung, der Rampendahlgesellschaft.

In der parallel verlaufenden Bierstraße hatten sich im Mittelalter sechs Brauer und ein Gruthaus angesiedelt. Die Grut war ein Kräutergemisch, das dem Bier »Grüsing« zugesetzt wurde. Ausnüchterungszellen existierten in der Rathauserweiterung. Im 15. Jahrhundert soll es innerhalb des Stadtgebiets über 60 Brauereien gegeben haben. Im Jahre 1813 fanden sich noch 20, bis 1855 schmolz ihre Zahl auf vier. Den reihenweise eingestellten Betrieben zum Trotz gründete Johann Carl Immeyer 1859 einen neuen auf dem Westerberg – ohne Erfolg. Wenige Jahre später modernisierten zwölf Honoratioren diesen Betrieb und beschäftigten zur Jahrhundertwende schon wieder 70 Mitarbeiter: Die Osnabrücker Aktien-Brauerei (OAB) war geboren. Ein Wasserturm und zahllose Pferdefuhrwerke prägten seitdem das Stadtbild.

Mit dem Slogan »Aus den tiefen Quellen des Westerberges« fand das Osnabrücker Bergquell-Pilsener – wegen der zwölf Gründungsmitglieder früher Apostelbier genannt – reißenden Absatz. Böse Zungen sprechen allerdings noch nach Jahren von einem regelrechten »Schädelbier«. 1967 stieg die OAB mit einer Produktionsmenge von 161.000 Hektolitern zu einer der 100 größten Brauereien Deutschlands auf. Später ging die Aktienmehrheit an die Oetker-Gruppe. 1987 wurde die Bierproduktion eingestellt und einige Jahre danach das Gebäude abgerissen.

Gebraut wird immer noch bei Rampendahls, wo Hobbybrauer gern ihre Hefe kaufen. Das »Osnabrücker Pils« entsteht heute in Dortmund.

Adresse Hasestraße 35, 49074 Osnabrück, Tel. 0541/24535, www.rampendahl.de | ÖPNV vom Neumarkt Bus M1, M5, Haltestelle Vitihof | Öffnungszeiten täglich ab 17 Uhr, Fr, Sa, So ab 11 Uhr, Brauereibesichtigung für Gruppen nach Voranmeldung | Tipp Die Stadtführung »Bier und Wein« kann man jederzeit auf Anfrage buchen. Die Tour dauert zwei bis drei Stunden. Es gibt aber auch Nachtwächterführungen oder Touren zu Sagenorten, zum 30-jährigen Krieg und Westfälischen Frieden. Tel. 0541/40763944.

20 Das Brause- und Wannenbad

Wo Oma inner Wanne lag oder sich bebrauste

Steinerne Pelikane stützen den Fries eines Eingangs mit der Aufschrift »Städt. Brause- und Wannenbad«. 1891 wurde dieses Gebäude am Herrenteichswall als Domschule eingeweiht. Davor existierte hier eine städtische Einrichtung, welche in erster Linie den weniger gut gestellten Bürgern die Möglichkeit bot, regelmäßig zum Wannenbad zu gehen.

Dieses in der Nähe der Hase gelegene Volksbad war wie eine öffentliche Badeanstalt, nur ohne Schwimmbecken, dafür mit Dusch- und Wannenbädern. Die Badezeit war begrenzt und die Einrichtung gegen geringes Entgelt nutzbar, Duschen war billiger als Baden. Mutter und Töchter gingen nacheinander in die Wanne. Der Vater mit seinen Söhnen hielt es genauso oder ging mit ihnen unter die Brause.

In der Geschichte des Osnabrücker Badens trifft man auf Flussbadestellen und Flussbadeanstalten. Einfache Badestellen am Ufer des Stadtflusses Hase waren vor über 100 Jahren bis in die Zwischenkriegszeit hinein üblich, eine lag direkt vor der Domschule. Weitere einfache Badegelegenheiten an der Hase sind an der Wellmannsbrücke, am Stahlwerk, an der Wachsbleiche und am Pottgraben überliefert.

1820 errichtete die Stadt am Hasefluss die »erste öffentliche Badestelle«, initiiert vom damaligen Bürgermeister Christian Franz Thorbecke (1763–1830), denn die mangelnden Hygienemöglichkeiten der unteren Schichten zu verbessern war ein wichtiges gesundheitspolitisches Anliegen der Stadt. Aus einigen Badestellen machte man auch Flussbadeanstalten, deren Becken vom Hasewasser durchflossen wurden, wie das Becken des Pottgrabenbades von 1883, das später sogar einem Warmbadehaus wich. Wegen starker Verunreinigung der Hase und hohen Gesundheitsrisikos schloss man es 1909. Fünf Jahre später entstanden die ersten Kläranlagen.

Bis 1948 wusch man in der Hase an der Domschule noch Wäsche.

Adresse Herrenteichswall 2, 49074 Osnabrück | **ÖPNV** vom Bahnhof Bus 14, 15, Haltestelle Berliner Platz oder Nonnenpfad | **Öffnungszeiten** nur von außen zu besichtigen | **Tipp** Der monumentale Haarmannsbrunnen (1909) am Herrenteichswall steht für Arbeit und den menschlichen Fleiß, so die Idee des Generaldirektors August Haarmann. Die Osnabrücker halten jedoch daran fest, ihn als Denkmal für den Bergbau am Piesberg (Steinkohleabbau) und verunglückte Bergleute zu interpretieren.

21 Brummi's Imbiss

Kultwurst im Hafen: Die Bratwurst ist längst mehr!

Während ringsum im Hafenbezirk schon reges Treiben herrscht, ist bei Katharina Söger morgens um sieben die Welt noch in Ordnung. Seit 60 Jahren verkauft »Brummi's Imbiss« Bratwürste, belegte Brötchen und Brühe – keine Pommes, keine Salate. Am jetzigen Standort, knapp 70 Meter vom Hafenbecken entfernt, steht der Imbiss seit rund 31 Jahren, früher befand er sich auf dem Gelände, das heute der Spedition Hellmann gehört.

Vor knapp neun Jahren übernahm Söger den Laden von ihrer kleinen, drahtigen Schwiegermutter, die alle mit ihrer freundlichen Art, knackigen Würsten und einer Gewürzmischung beglückte, die es in sich hat. Das Geheimrezept gab sie traditionell an ihre Schwiegertochter, eine gelernte Näherin, weiter. Diese Currypulvermischung darf auf Sögers beliebter »Currywurst spezial« nicht fehlen: Wurst schräg aufschneiden, mit Mayonnaise und frischen Zwiebeln füllen, darauf noch Ketchup und als Krönung alles mit dem berühmten Gewürzpulver bestreuen.

Die beliebteste Form der Bratwurst ist und bleibt die Currywurst. Ein echtes deutsches Kulturgut. Erfunden wurde sie wohl 1949 in Berlin, wo es im Bezirk Mitte sogar das bisher einzige Currywurst-Museum der Welt gibt. Die Wurst ist wie gemacht für alle Lebenslagen, wird gemeinhin als ehrliches Essen betrachtet und bis in höchste Kreise hinein akzeptiert.

Das erlebt auch Söger so. Das Publikum ist kunterbunt gemischt, vom eleganten Schlipsträger über den normalen Arbeiter bis hin zum Brummifahrer ist alles dabei. Man duzt sich, und mittlerweile ist eine langjährige »geliebte« Stammkundschaft entstanden.

Es ist gemütlich drinnen. Die üppig dekorierte Wand ist gepflastert mit Postkarten der Kunden, alten Fotos und einem eingerahmten Glückwunschschreiben des ehemaligen Bürgermeisters Boris Pistorius zum 25-jährigen Bestehen. Darauf ist die Besitzerin genauso stolz wie auf ihre kleine Bude mit der Riesenwurst auf dem Dach.

Adresse Hafenstraße 8, 49090 Osnabrück | **ÖPNV** vom Neumarkt Bus 18, M1, Haltestelle Hasefriedhof | **Tipp** Wo früher die Schmelzkessel einer Schokoladenfabrik standen, arbeitet heute die älteste Ateliergemeinschaft der Stadt (Wachsbleiche 62).

22 Die Bundesumweltstiftung

Spacig und naturverbunden

Wie wichtig Umweltschutz ist, zeigte 1989 eine sinnvolle Aktion des Bundes. Er verkaufte für 1,2 Milliarden Euro die Salzgitter AG und verwandte den Erlös einmal nicht zum Schuldentilgen, sondern für die 1990 gegründete Deutsche Bundesstiftung Umwelt, kurz DBU, mit Sitz in Osnabrück. Sie ist eine der größten Umweltstiftungen der Welt, forscht, fördert und vergibt den höchstdotierten Umweltpreis Europas.

Mit einem Soforthilfe-Programm restaurierte die DBU nach der Wende auch viele Kulturdenkmäler, in Sachsen-Anhalt im kleinen Städtchen Vockerode beispielsweise die Pfarrkirche. Im Bereich Umwelttechnik und Umweltforschung investierte sie gerade erst 2016 rund 370.000 Euro in ein Fahrrad-Automobil-Projekt namens »Onyx MiO«, wobei MiO für »Made in Osnabrück« steht. Das Gefährt ist ein Elektromobil mit Solarzellen. Zwei Ingenieure erfanden es in einer Garage – wie im kalifornischen Silicon Valley. 2017 wurde eine Kleinserie mit 200 Fahrzeugen produziert, 2018 sollen schon bis zu 5.000 auf den Markt kommen: Innerstädtisch abgasfrei mit Muskelkraft und Strom fahren, das entspricht genau den Leitsätzen der Stiftung.

Die Osnabrücker bekommen von diesen Aktivitäten nicht viel mit, aber: Das futuristisch-ökologische Gebäude an der Bornau ist einen Umweg wert. Umgeben von altem Baumbestand, markieren fünf schräg abgeflachte Glaszylinder, die aus einem Grasdach herausragen, das Zentrum für Nachhaltigkeit. Es stellt nach außen hin in Lage, Form und Materialien das Konzept eines ressourcenschonenden Bauens dar.

Mittlerweile wurden mit der Naturerbe GmbH und dem Zentrum für Umweltkommunikation Tochtergesellschaften gegründet, in denen die deutschen Naturschutzflächen verwaltet werden. Zehn eigene »Wanderausstellungen« sind inzwischen entwickelt und interaktiv konzipiert worden. Im neuen Holz-Passivhaus der DBU Naturerbe GmbH finden Führungen zu den aktuellen Ausstellungen statt.

Adresse An der Bornau 2, 49090 Osnabrück, Tel. 0541/96330 | **ÖPNV** vom Bahnhof Bus M2, vom Neumarkt Bus 11, M2, Haltestelle Umweltstiftung | **Öffnungszeiten** Mo–Do 8–16 Uhr, Fr 8–13 Uhr und nach Absprache | **Tipp** In der Albrechtstraße 2 kann man Rohkeramik selbst bemalen: Teller, Tassen, Eierbecher Schüsseln und Vasen – insgesamt 130 verschiedene Keramikmodelle. Eine schöne Geschenkidee! Tel. 0541/40756845, www.porzellanmagie.de

23 Der Corsicaskamp

Von Grünstreifen, Corsis und einem Postmeister

Wer jemals auf Korsika Urlaub gemacht hat, weiß von felsigen Buchten, Sandstränden am türkisfarbenen, reglosen Meer und nach Kräutern duftenden Berghängen zu berichten.

Die Straße »Corsicaskamp« – mit C – liegt nicht im Mittelmeer, sondern am Westerberg und hat fast nichts mit dem beliebten Urlaubsziel gemeinsam. Außer der Tatsache, dass Osnabrück von 1807 bis 1813 zum Königreich Westphalen, einem französischen Satellitenstaat, gehörte, welches Napoleon Bonaparte für seinen kleinen Bruder Jérôme schuf, und Korsika Napoleons Heimatinsel war. Und dass die Anwohner des Corsicaskamps, liebevoll »Corsis« genannt, wie die Korsen ihre Eigenständigkeit lieben. Sie bilden eine aktive Mehrgenerationen-Straßengemeinschaft – nach Feierabend wird auch mal in geselliger Runde die gute alte Kochmaschine im Vorgärtchen angeschmissen.

Noch 1932 war diese Idylle von sich im Wind wiegenden Kornfeldern, zu bestellenden Äckern und Gärten eingerahmt. Bewohner hatten hier die große Freiheit. Ab den späten 1920er Jahren entwickelte sich das Gartenland zu einer Wohnsiedlung. Einzigartig sind die immer noch bestehenden Gärten am alten Heckengang, heute »Grüner Weg« zwischen Corsicaskamp und Prof.-Haack-Straße, denn sie entstammen noch einer Abgabe der Natruper Laischaft um 1700. Ebenfalls besonders sind die in den späten 1930er Jahren entstandenen beidseitigen breiten Grünstreifen vor den Häusern des Corsicaskamps – ein städtisches Planungskonzept, das nirgendwo sonst in Osnabrück existiert.

Der Corsicaskamp besteht aus zwei Parallelstraßen und geht noch ein Stück Richtung Steinbruch hinauf, zum heutigen Botanischen Garten. Benannt ist er nach dem Offizier und Postmeister Johann Ludwig Corsica, der 1810 die Witwe Gertrud Pagenstecher heiratete, deren Familie Grundeigentümer des Geländes war. Woher sein Familienname stammt, ist nicht überliefert.

Adresse Corsicaskamp, 49076 Osnabrück | ÖPNV vom Neumarkt Bus 11, 18, M 2, Haltestelle Rißmüllerplatz | Tipp Ein Teil des alten Corsica-Posthofes ist nach Durchtrennung der Hakenstraße durch das Nikolaizentrum noch bis heute in der Gaststätte Alte Posthalterei erhalten geblieben.

24 Die Dampfmaschine

Höhenrausch zwischen Fuselöl und Chorproben

Jedes Mittelmeerland kennt seinen eigenen Anisschnaps – Griechenland den Ouzo, die Türkei den Raki, Frankreich den Pernod, Ricard oder Pastis. Nordeuropäische Länder haben gewöhnlich keinen Sinn für den Genuss eines Aperitifs. Aber: Der Kornbrand war und bleibt das Herzstück in Deutschland. So auch in Osnabrück, gern serviert unter dem Namen »Herrengedeck«, bestehend aus einem Bier und einem Korn.

Carl Friedrich Hermann Gosling (1798–1876) war Schnaps-Spezialist. Schon sein Vater Bernhard Gosling, Kaufmann im Tuchhandel, betrieb nebenbei eine Brennerei, eine Likörfabrik und eine Seifensiederei. Nach dessen Tod erwarb Carl 1831 am Neuen Graben Grundstücke und verlegte die Brennerei zentral an den Neumarkt, wo er 1849 die erste Dampfmaschine zur Schrotung des für die Brennerei notwendigen Roggens aufstellte. Diese Dampfmaschine steht heute im Museum Industriekultur.

Kornbrand entsteht aus gegorenem Getreide, das, nachdem sich der Alkohol gebildet hat, destilliert wird. Nebenprodukt der alkoholischen Gärung ist Kornfuselöl, Nebenprodukt die Schlempe. Diese verfütterte man damals an rund 50 bis 60 Rinder, die mitten in der Stadt (!) gehalten wurden. Goslings Brennerei florierte so sehr, dass bereits 1857 die Landdrostei dem Fabrikanten nahelegte, den Betrieb aus dem Stadtzentrum zu verlegen, da ansonsten der öffentliche Verkehr behindert würde.

Die schillernde Persönlichkeit Gosling engagierte sich nebenbei in zahlreichen Ehrenämtern, beteiligte sich am Spielplan des Theaters, gründete einen Gesangsverein und ein Vergnügungslokal auf dem Grundstück der von ihm erworbenen Blankenburg. Er setzte sich auch für die Erschließung des Osnabrücker Raumes durch den Bau verschiedener Eisenbahnlinien ein. 1846 war er bürgerlicher Senator im Magistrat, 1866 erster Vorsitzender der Handelskammer.

Nach einem glänzenden Ball im Hause verstarb er friedlich.

Adresse Museum Industriekultur, Fürstenauer Weg 171, 49090 Osnabrück, Tel. 0541/9127845, www.mik-osnabrueck.de | **ÖPNV** vom Neumarkt Bus 18, Haltestelle Industriemuseum | **Öffnungszeiten** Mi–So 10–18 Uhr | **Tipp** Im Piesberger Gesellschaftshaus finden Konzerte, Flohmärkte und Tanzabende im schönsten Saal der Region statt (www.piesberger-gesellschaftshaus.de).

25 Die Deutsche Scholle

Gärtnern in der Wüste

Wir blicken über eine 1,15 Meter hohe Hecke. Die Sonne scheint an einem Samstagnachmittag. Im Kleingartenverein »Deutsche Scholle« ist es still. Niemand buddelt in der Erde, mäht Rasen oder jätet Unkraut – es wird Mittagspause gehalten.

Ein Comeback des Ländlichen gibt es schon lange, und wenn man nicht gleich aufs Land ziehen will, sucht man sich eben Schrebergartenvereine in der Umgebung: Natur bei gleichzeitiger Citynähe. Im Stadtteil Wüste wird man fündig, denn die Wüste ist grün und wasserreich. Mit 704 Gärten auf einem 32 Hektar großen Gelände ist die »Deutsche Scholle« einer der größten Kleingärtnervereine Niedersachsens und der älteste von sieben Kleingärten in Osnabrück. Was noch vor 15 Jahren als spießig galt, findet heute großen Anklang bei jeder Altersgruppe.

Der Schrebergarten, einst aufgrund von Nahrungsmittelengpässen im Ersten Weltkrieg entstanden, hat heute eine ökologische und soziale Funktion. Aus 15 Nationen kommen die Gartenpächter der Scholle, von Südafrika bis China, jeder bringt sein Wissen über Pflanzen und Anbau aus einem anderen Kulturkreis mit. Da buk eine russische Frau Krapfen mit einer Marmelade aus Beeren, die bislang als Unkraut galten, oder – das spektakulärste Ereignis bisher – züchtete jemand Hanf in einem Gewächshaus, bis die Polizei kam. Grün tut einfach gut, besonders wenn man auf seiner eigenen kleinen Parzelle Äpfel und Salate ernten kann.

Die Vereinschronik verrät uns die Herkunft des Namens: Streng bewachte russische Kriegsgefangene kultivierten das Gebiet und legten 1916 die ersten 46 Kleingärten an. Damit leisteten sie ungewollt Pionierarbeit. Die sogenannten Russengärten wurden in »KGV Moskau« umbenannt, und seit 1933 besteht der Name »Deutsche Scholle«. Die »Deutschtümelei« sagt heute niemand mehr, die Scholle ist einfach eine »kleine Welt nach Feierabend«. Dann werden im Vereinshaus gern in geselliger Runde Mettinger Kräuter-Wacholder gekippt.

Adresse Limberger Straße 71, 49080 Osnabrück, Tel. 0541/84840, www.deutsche-scholle-os.de | **ÖPNV** vom Neumarkt Bus 19, Haltestelle Moskaubad | **Tipp** Die Wege durch die Lauben sind öffentlich zugänglich. Wer gern ein Waldstück sehen möchte, geht von hier auf der Limberger Straße durch die Bahnunterführung mit dem wohl längsten Wandgemälde Deutschlands, dem »Musikexpress« von Angelika Walter.

26 Das doppelte Gemälde

Felix Nussbaum: Ein Leben auf der Flucht

Beklemmend konzipiert ist im Museumsquartier das Felix-Nussbaum-Haus im Inneren, das Daniel Libeskind für die Werke von Felix Nussbaum gebaut hat. Der gewohnte Wohlfühlfaktor fehlt. Die überraschende, unangepasste Architektur tritt in einen Dialog mit der hier ausgestellten Kunst.

Das Ölgemälde »Der Flüchtling 1/Europäische Vision« malte Felix Nussbaum 1939 in Brüssel im Alter von 34 Jahren, fünf Jahre später ist er tot. Ein Bild, das die ausweglose Situation eines aus der Heimat vertriebenen Flüchtlings darstellt, rechtlos gemacht durch Rassismus. Ein zweites Bild, fast eine Kopie, existiert im Yad Vashem Art Museum in Jerusalem.

Die Stifter Irmgard und Hubert Schlenke ersteigerten 1999 das in Osnabrück ausgestellte Exponat auf einer Auktion in Tel Aviv. Die Aussage des Bildes ist heute aktueller denn je.

Im Osnabrück der 1920er Jahre stellte Nussbaums kunstinteressierte Familie assimilierter Juden die Weichen für ein Kunststudium in Hamburg und Berlin, wo er 1924 seine spätere Frau Felka Platek, eine Polin jüdischen Glaubens, kennenlernte.

Bei seinem 1929 entstandenen Werk »Erinnerung an Norderney«, seine Lieblingsinsel, damals die »Judeninsel«, für das Giorgio de Chirico und Henri Rousseau seine Vorbilder waren, ist bereits ein von Melancholie geprägter Ton sichtbar. Zu den wenigen unbeschwerten Bildern gehören der »Netzflicker« (1928) oder der »Scherenschleifer« (1936), die den Witz, aber auch die Ironie und Schärfe (spitze Werkzeuge) der 1930er Jahre transportieren. Eine Kindergeschichte für den Zeichentrickfilm »Pit und Peggs« war 1936 in Arbeit. Doch fortan war Nussbaum ständig auf der Flucht.

In Brüssel deportierte man ihn und seine Frau 1944 im letzten von 26 Transporten nach Auschwitz. Über ein halbes Jahrhundert später wird endlich mit dem Bau des Museums sein Appell Wirklichkeit: »Wenn ich untergehe, lasst meine Bilder nicht sterben, stellt sie aus!«

Adresse Museumsquartier, Lotter Straße 2, 49078 Osnabrück, www.museumsquartier-osnabrueck.de | ÖPNV vom Neumarkt Bus 10, 11, 15, 586, M2, Haltestelle Heger Tor | Öffnungszeiten Di–Fr 11–18 Uhr, Sa, So und Feiertage 10–18 Uhr, Kinder und Jugendliche Eintritt frei | Tipp Nebenan steht die Villa Schlikker, sie war ehemals das Hauptquartier der NSDAP. Als Museum konzentriert sie sich ab 2022 auf das einflussreiche Wirken nationalsozialistischer Osnabrücker wie des Juristen Hans Calmeyer.

27_Die Doppelturnhalle

Vom Möser'schen Adelshof zur Schule

Im Schatten der Sankt-Katharinen-Kirche erhebt sich eine denkmalgeschützte Doppelturnhalle. Besucher des Wochenmarktes gehen vermutlich achtlos an diesem architektonisch besonderen Gebäude der Hauptschule Innenstadt, bald »Neue Schule«, vorbei.

Zahlreiche junge Verehrer des Turnvaters Friedrich Ludwig Jahn (1778–1852) frönten in Osnabrück dem edlen Vergnügen der Leibesübungen. Dafür stand lange Zeit diese zweigeschossige Turnhalle von 1901 mit getrennten Sälen und Eingängen für Jungen und Mädchen zur Verfügung. Erst ein Jahr später errichtete man auf dem übrigen Gelände die neue evangelische Bürgerschule, die im Mittelpunkt der Stadt liegen sollte. 1927 ging das Gebäude an die Möser-Mittelschule über. Im Schulgebäude, zur Straßenseite hin, finden sich noch allegorische Steingesichter von Lukas Memken: Beim damaligen Mädchenaufgang sieht man rechter Hand den Kopf von Sapientia, der Weisheit, mit großer Ähnlichkeit zur Dichterin Annette von Droste-Hülshoff.

Für den Bauplatz wählte man das von der Stadt angekaufte herrschaftliche Anwesen in der Hakenstraße 10/11 aus. Es diente in den Jahren 1775–1794 dem berühmten Osnabrücker Staatsmann Justus Möser und seiner Tochter Jenny mit ihrem Mann Justus von Voigts als Wohnhaus – das Grundstück bildet jetzt den Pausenhof. Zur Erinnerung steht in Puppenstubenmanier ein Modell des Möser-Voigt'schen Hauses in einem Glaskasten an der Hakenstraße.

Mitte des 18. Jahrhunderts hatte hier der Landadel einige seiner städtischen Wohnsitze. Schon der Straßenname erinnert an das bekannte Geschlecht von Hakes auf Gut Scheventorf bei Iburg. Gegenüber der Schule stand noch bis zum Zweiten Weltkrieg das stattliche Haus des Bürgermeisters Johann Karl Bertram Stüve, zum Schluss als Büro des königlichen Landratsamtes genutzt.

Inzwischen dient die Turnhalle längst nicht mehr dem Sport, sondern wird als Proberaum vermietet. Sie gilt als wichtiges Zeugnis der Sozialgeschichte um 1900.

Adresse Hakenstraße 10/11, 49074 Osnabrück | **ÖPNV** vom Neumarkt/Bahnhof Bus 10/20, M2, Haltestelle Kamp-Promenade | **Tipp** Zwischen der denkmalgeschützten Turnhalle und der Gaststätte Grüner Jäger bestehen noch Teile der Klostermauerruine des Barfüßer- beziehungsweise Franziskanerklosters mit erkennbarem ehemaligen Südportal, das bis Ende des 17. Jahrhunderts gestanden hat.

28 Das Ehrenmal

Wüste Kunstmischung im Abseits

Über den Wipfeln der Kastanien am Straßburger Platz erstrahlt ein moderner Skulpturen-Aufsatz in Gold und Silber auf einer korinthischen Siegessäule von 1880 im Sonnenlicht – ein starker ästhetischer Kontrast zum übrigen Denkmal des Stadtbaumeisters Emil Hackländer (1830–1902). An diesem Ort wird an den Deutsch-Französischen Krieg von 1870/71 und die gefallenen Soldaten erinnert, die namentlich erwähnt werden.

Als noch die Bronzestatue der Germania als Original-Aufsatz mitten auf dem Neumarktplatz wachte, donnerten Kutschen, später Automobile und 1906 auch die ersten Straßenbahnen an ihr vorbei. Schon 1913 musste der seit 1833 traditionelle Wochenmarkt dem rasant anwachsenden Straßenverkehr weichen. Und eigentlich sollte auch das Kriegerdenkmal fort. Doch ein Symbol des siegreichen Deutschland in eine Randlage abzuschieben hätte nicht zur patriotischen Stimmung zu Beginn des Ersten Weltkriegs 1914 gepasst.

1928 war die Zeit für den Umzug an den Straßburger Platz im Wohnviertel am Westerberg gekommen – zwar sorgsam die vaterländische Würde des Monuments wahrend, während man es zugleich zum Vergessen verurteilte. Der Platz erinnerte an den glorreichen Sieg über Frankreich mit der Einnahme Elsass-Lothringens und seiner Hauptstadt Straßburg. Die strahlenförmig angeordneten Straßen sind nach den damals beteiligten preußischen Generälen benannt: Helmuth von Moltke, Albrecht von Roon und Leonhard von Blumenthal.

Die Germania und das Relief von Kaiser Wilhelm I. auf der Schauseite fielen dem Eisenbedarf im Zweiten Weltkrieg zum Opfer. Erst 2003 entwarfen Schülerinnen des Ratsgymnasiums für die kahle Stelle die Skulptur »Die schützende Torsion« aus Karosserieblech. Ein moderner Versuch, an die Deutsch-Französische Freundschaft zu erinnern: zwei sich ineinanderwindende silbern und goldfarben lackierte Arme mit einer Kugel. An grau-kalten Tagen allerdings verblasst das Kunstwerk samt seiner Aussage auf seinem Betonsockel.

Adresse Straßburger Platz, 49076 Osnabrück | ÖPNV vom Bahnhof Bus 10/20, 15, Haltestelle Weißenburger Straße | Tipp Ein Bouleplatz, für jedermann nutzbar, existiert beim »Büdchen« mit Biergarten am Ende der Mozartstraße 87 auf dem Westerberg. Außerden gibt's regelmäßig ein tolles Programm (Tel. 0541/6003726, buedchen-os.de).

29 Das Elektrizitätswerk

Eine Stadt unter Strom

Norddeutsche Backsteingotik statt Industriearchitektur, verschnörkelte Details statt schlichtem Design. Ein Drache lächelt vom Ende eines hölzernen Treppenhandlaufs. Einst dampfte es hier gehörig aus einem turmartigen Schornstein, denn dieser Ort hatte eine große Bedeutung als »Centrale« des ersten kommunalen Elektrizitätswerks der Hasestadt.

Von 1900 bis 1910 entstand die mächtige Backsteinburg im neogotischen Stil. Sie entsprach überhaupt nicht dem Zeitgeist, man stand am Beginn der zweiten industriellen Revolution! Doch die »neue Sicherheit«, die Aufwertung von Industrie und Lebensstandard der Bevölkerung, wollte man architektonisch angelehnt an Vorbilder des Mittelalters demonstrieren.

Die Zeit war reif für elektrisches Licht in Schaufenstern, Telefone, Straßenbahnen und Rekordzeiten am Fließband. All diese repräsentativen Aufgaben einer Stadt kosteten aber auch Energie: pro Kilowattstunde damals 50 Pfennig.

Erste Überlegungen, an der Pernickelmühle Strom durch Wasserkraft zu gewinnen, zerschlugen sich ebenso wie das Angebot, die Stadt vom Gelände des Stahlwerkes mit Strom zu versorgen. Der Rat beschloss den Bau eines eigenen Elektrizitätswerks, das am 1. September 1901 ans Netz ging – zunächst von der AEG Berlin betrieben. Vier Jahre später übernahm Osnabrück die Stromversorgung in Eigenregie. Anfangs mit zwei Dampfmaschinen von je 120 Kilowatt Leistung, danach musste immer weiter ausgebaut werden.

Gegenwärtig ist noch die älteste Schaltwarte (Zehn-kV-Anlage) Osnabrücks in der ehemaligen, mit einer Zwischendecke versehenen Maschinenhalle erhalten. Abstraktion und formaler Purismus geben ihr die Aura eines Kunstwerks. Auch der Bau davor, das »Städt. Elektrizitätswerk«, steht noch und ist heute Sitz der Leitstelle SWO Netz GmbH. Im Treppenhaus befindet sich der edle Drachenkopfknauf, berührbar bei einer Führung über das Stadtwerke-Gelände.

Adresse Ecke Liebig- und Sandbachstraße 22, 49074 Osnabrück, Führungen Tel. 0541/2299, besucherservice@stw-os.de | **ÖPNV** vom Bahnhof Bus 14,15, Haltestelle Berliner Platz oder Nonnenpfad | **Tipp** Im Dachgeschoss des Hauses Liebigstraße 31 traf sich Erich Maria Remarque 1915/16 mit Bohemiens bei seinem Künstlerfreund Friedrich Hörstemeier. Der Geheimort fand in seinem Erstlingsroman »Traumbude« Erwähnung.

30 Die Entlüftungssäule

Zwischen Klotür, Tod und Kirche

Südlich der Johanniskirche, auf dem damaligen Kirchhof, wo im Mittelalter der Friedhof lag, gibt es Unglaubliches: Dort findet man unterirdisch Toiletten und oberirdisch eine Säule mit Bildern, auf denen Mücken in Elefanten verwandelt werden oder ein Mann mit den Wölfen heult – es handelt sich um einen Abluftraum der WCs.

Architekt Theo Burlage (1894–1971) und Bildhauer Wolf-Dietrich Stein (1900–1941) verstanden es, aus der Not eine Tugend zu machen. Auf der Abluftröhre von 1931, die eine unterirdische Toilettenanlage be- und entlüftet, zeigen Tonplatten plastische, teils skurrile Darstellungen und Schriftzüge vorwiegend zu Redewendungen. Die Szenen der einzelnen Flachreliefs am Säulenschaft gehen ineinander über und führen dem Betrachter unter anderem die Vergänglichkeit der eigenen Existenz vor Augen. Sie zeigen zum Beispiel einen vom Auto überfahrenen Fußgänger oder greifen in Bilder umgesetzte, eher negativ konnotierte Sprichwörter auf: »aus einer Mücke einen Elefanten machen«, »vor der eigenen Tür kehren«, »mit den Wölfen heulen« und so weiter.

Bekrönt wird die Säule durch einen Totenkranz mit einer doppelläufigen Umschrift: »Der Tod frißt alle Menschenkind, fragt nicht, wes Stands noch Ehr sie sind. Der Tod fragt nicht nach Zeit, würgt alt' und junge Leut.« Zwischen den Bändern sind vollplastisch ein Skelett und alltägliche Momente dargestellt. So sind ein Mann, der seine Notdurft verrichtet, oder eine Frau, die ihr Kind spazieren fährt, zu sehen.

Zur Themenwahl der Säule könnte die Tatsache angeregt haben, dass hier im Mittelalter ein Friedhof war, sodass an diesem Ort die Auseinandersetzung und der Umgang mit dem Tod allgegenwärtig waren. Anreiz genug ist schon die unterirdische Toilettenanlage, in der sich Leute im Allermenschlichsten begegnen. Denn am Ende sind alle gleich, und der Tod ereilt unwiderruflich jeden.

Fazit: Das Bewusstwerden der eigenen Sterblichkeit beim Anschauen der Bilder verhilft dazu, die knappe Lebenszeit zu genießen.

Adresse Johannisstraße, 49074 Osnabrück | **ÖPNV** vom Bahnhof/Neumarkt Bus 12, M1, M3, M5, Haltestelle Johanniskirche | **Tipp** Gegenüber befindet sich das alte, um 1348 erbaute Neustädter Rathaus (lange Zeit letzte Ruine nach dem Krieg, Sanierung 2000), um das sich der zweite Osnabrücker Siedlungskern, die »Neustadt«, ausbreitete.

31 Der erste Bahnhof

Lange Karriere eines Baumes, kurze eines Bahnhofs

Symbolisch begann das Eisenbahnzeitalter der Stadt 1855, als Züge aus Osnabrück den Bahnhof Löhne erreichten, von wo aus es »durch Preußen« weiter gen Hannover ging. Diese erste Verbindung war ausschlaggebend für die Namensgebung des im selben Jahr errichteten »Hannoverschen Bahnhofs«. Er liegt heute nur wenige hundert Meter vom Hasetor- und Hauptbahnhof entfernt an der Karlstraße. Fahrgäste gibt es hier keine mehr.

Damals folgte man wohl einfach ortskundigen Leuten in die Innenstadt. Denn vor den Augen der Ankommenden breitete sich eine Landschaft mit der noch weitgehend erhaltenen Befestigungsanlage und der noch nicht regulierten Hase und ihren Niederungen aus. Später führte eine kerzengerade Straße vom Bahnhof in die Stadt. Für immer mit dieser Erinnerung verbunden ist die fest verwurzelte, etwa 200 Jahre alte Trauerbuche mit ihrer vollen, ausladenden Krone auf dem Vorplatz. Sie ist seit 2013 eines der 17 Baumdenkmäler in der Stadt.

In den 1960ern wurde im vorderen Areal ein Bunker errichtet, der als Steuerzentrale der Deutschen Bundesbahn weite Teile des norddeutschen Eisenbahnnetzes im Falle eines Atomkrieges dirigieren sollte. Da er nicht ausbrach, blieb der Bunker ungenutzt.

Der im klassizistischen Rundbogenstil erbaute repräsentative Sandstein-Bahnhof nahm 1856 die Verbindung in westlicher Richtung, über Rheine nach Emden, in Betrieb. Bereits 1857 waren der Hasestollen und der Piesberg mit einer Zweigbahn an die »Hannoversche Westbahn« angeschlossen. Nach nur 40 Jahren wurde der Hannoversche Bahnhof überflüssig, denn der neue Kreuzbahnhof nahm den gesamten Eisenbahnverkehr in der Stadt auf. Als Güterbahnhof nutzte man ihn noch bis 1913, die Bahnverwaltung saß bis 2004 hier, danach verkaufte die Deutsche Bahn. Heute nutzen das Gebäude Privatmieter.

Wer etwas für sich und die Umwelt tun möchte, kann im Seitenflügel im neu eröffneten Laden mit Bistro »Tara« für unverpackte Lebensmittel mit angeschlossenem Bistro einkaufen.

Adresse Wittekindplatz 4, 49074 Osnabrück | **ÖPNV** vom Bahnhof Bus 14, 15, vom Neumarkt Bus 11, 18, 19, M3, M4, Haltestelle Berliner Platz | **Tipp** Nicht weit entfernt, in der Hackländerstraße 9–10, steht das denkmalgeschützte Jugendstil-Ensemble der ehemaligen Backhausschule von 1913, das von den Berufsbildenden Schulen Pottgraben genutzt wird. Im Innenhof liegt eine überdimensional große Handskulptur.

32 Der Fernmeldeturm

Betonbau mit idyllischem Campingplatz zu Füßen

Apollo-Raketen waren gerade auf dem Mond gelandet, die Zeiten modern, und wir Schüler im Physiksaal der Gesamtschule Schinkel passten nicht auf, sondern starrten fasziniert aus dem Fenster: Wie eine riesige Rakete schraubte sich der größer werdende Fernsehturm auf dem Schinkelberg in den blauen Himmel.

Genau am 29. Juni 1976 begann der Turmbau zu Schinkel. Anders als beim Turmbau zu Babel brach aber kein Sprachwirrwarr unter den Bauleuten aus. So wurde er schon 1977 fertig. Fast 160 Meter hoch steht das Wahrzeichen für Osnabrück und sein Umland seitdem auf dem Schinkelberg. Die imposante Landmarke sendet heute für den Deutschlandfunk und verschiedene Telefonanbieter. 550 Stufen führen zum Betriebsgeschoss, mit dem Lift dauert die Fahrt zu den Arbeitsplätzen in 110 Metern Höhe genau 100 Sekunden.

Man bewundert den Turm am besten von der benachbarten großen Waldwiese aus, südwestlich des Belmer Fußweges. Im Sommer natürlich auf dem Rücken liegend und Grashalme kauend. Im Winter wird zwar vor vom Turm herabfallenden Eiszapfen gewarnt, aber das Betriebsgelände ist gut umzäunt. Daher ist es im Winterschnee ein absolutes Muss, auf der Wiese zu rodeln.

Unterhalb des Turmes, auf einem alten Gutshof, liegt an der Nordstraße der Campingplatz »Niedersachsenhof«, früher fest in holländischer Hand. Gutmütig spottete mancher, dass die Holländer – völlig unerfahren mit Bodenerhebungen – sich schon im Schwarzwald glaubten. Wahr ist: In den warmen Sommermonaten lässt sich hier immer noch gut ein Zelt aufschlagen. Wer es exotisch mag, kann gleich im benachbarten Restaurant »Miso« fernöstliches Sushi speisen.

Vom Turm wandert man via Belmer Fußweg und Schinkelbergstraße anderthalb Kilometer durch den Wald zu einem der schönsten Aussichtspunkte der Stadt. Oberhalb der Sportanlage Schinkelberg laden Bänke zum weiten Blick über die Stadt, ihre Kirchen und den Teutoburger Wald ein.

Adresse 49086 Osnabrück; von der Bremerstraße muss man in die Nordstraße einbiegen, dann nach circa 150 Metern vor dem Campingplatz rechts in den Waldweg Belmer Fußweg spazieren, und schon steht man vor dem Betonkoloss | ÖPNV vom Neumarkt Bus M4, X275, X276, Haltestelle Nordstraße | Tipp Auf dem Schinkelberg liegt der höchste Biergarten der Stadt in der Gaststätte »Zum Laubenpieper«. Panoramablick hat man von einem kleinen Hügel neben der Gaststätte in der Kleingartenanlage.

33 Das Fleischhauer-Symbol

Ans Fell, ans Eingemachte

Kalt, dunkel und feucht war es in der Enge zwischen der Bocksmauer und den gegenüberliegenden, dicht gedrängten, lang gestreckten Häuserwänden bis zum Rißmüllerplatz, der im Mittelalter noch Natrupertor hieß. Am finsteren Bucksturm klapperte das Metallwappen der Schlachtergilde. Ein steinernes frühmittelalterliches Schlachthaus-Wappen befindet sich noch an der Außenwand von Nummer 12. Auf diesem Platz stand einer der ältesten Fleischscharren (Verkaufsbude) der Stadt. Abgebildet ist ein Ochsenkopf mit zweimal gekreuzten Beilen, in der Mitte erscheint ein Wappenschild, das als Motiv eine Hausmarke aufweist. Im dahinterliegenden Hof des heutigen »Hauses der Jugend« befindet sich ein ähnliches Emblem auf einem Stifterrelief von 1579. Doch bis heute ist nicht geklärt, für wen die Marke und die auf der Gedenktafel erkennbaren Initialen H. und L. bestimmt waren. Was man allerdings weiß, ist, dass auf diesem Gelände 1819 das Stadttheater eröffnet wurde, zwar bescheiden, aber schon mit Logen, Parkett und zwei Rängen.

Die Scharren gehörten im 13. Jahrhundert den Grafen von Tecklenburg. Die Kirchenvögte übten – zum Missfallen der Stadtbewohner – Hoheitsrechte aus. So durften die »Knochenhauer« nicht eher ihr Fleisch verkaufen, als bis ein Fronknecht des Grafen den Preis festgesetzt hatte. Der kam aber zu ihrem Schaden oft zu spät. Eines Tages schlugen die genervten Schlachter ihn der Sage nach in Stücke. Einen blutigen Rest verstauten sie am Pferd, welches den gewohnten Weg nach Tecklenburg zurücktrabte. Zur Strafe mussten sie eine Silbermünze zahlen – das war's.

Generell war die Ausübung des Fleischerberufes an den Besitz dieser Buden gebunden. Dafür musste der Schlachter den »Meister« haben, der ihm auch die Aufnahme in die Zunft ermöglichte, die ihren Mitgliedern ein sicheres Einkommen und Schutz vor Konkurrenz garantierte. Die Vorschrift, Fleisch nur in den Scharren zu verkaufen, wurde erst Mitte des 19. Jahrhunderts aufgehoben.

Adresse Bocksmauer 12, 49074 Osnabrück | **ÖPNV** vom Bahnhof Bus 586, M2, Haltestelle Rißmüllerplatz oder Bus 10/20, Haltestelle Heger Tor | **Tipp** Der Bucksturm aus dem 13. Jahrhundert mit dem Kriegerdenkmal wurde als Wachturm, städtisches Gefängnis (Johanniskasten) und Folterkammer genutzt. Besichtigung: willkommen-mq4@osnabrueck.de

34_Der Forellenhof

Wo der Süßwasserfisch frisch aus dem Wasser kommt

Welcher Fan klassischer Musik denkt bei diesem Fisch nicht gleich ans »Forellenquintett« von Franz Schubert? Seinen Beinamen erhielt das Kammermusikwerk, weil Schubert dem Variationensatz sein Lied »Die Forelle« von 1817 als Thema zugrunde legte. Der Text stammt von Christian Friedrich Daniel Schubart. Dramatischer Höhepunkt ist die dritte Strophe: Der Bach wird getrübt und die Forelle gefangen.

Das Mutter-Tochter-Team Edith Benjamin-Uthmann und Stephanie Wellenbüscher-Uthmann bereitet das Netz für den Fischfang. Danach müssen die lebhaften Forellen getötet, gewaschen, ausgenommen und manchmal geräuchert werden. Das gehört zum Job der beiden Damen im Nettetal. Ihre in heller Idylle gelegene Forellenzucht liegt gleich neben dem Wanderparkplatz im Dunkel des Waldes.

Der »Forellenhof Nettetal« ist Verkaufshaus, Bistro und Wohnhaus in einem. Hauptprodukte sind die Regenbogenforellen, eine ursprünglich in Nordamerika heimische Art. Rund 100.000 Forellen, Bachsaiblinge und Karpfen verlassen jedes Jahr den Hof. Bei gutem Wetter hat man von der Terrasse einen wunderbaren Blick auf zehn große Teiche, die sich zweireihig auf dem 1,5 Hektar großen Grundstück verteilen. Dazwischen liegt seit Anfang der 90er ein Teich für Hobby-Angler und Familien. Bei ihm wachen die Frauen mit Argusaugen über ihre geschätzten Fische. Neben Fischen gibt es auf dem Anwesen auch Schafe, Gänse und anderes Federvieh.

Der Vater von Edith Benjamin-Uthmann kam 1933 als Fischzuchtmeister aus Hamburg an diesen Ort mit idealen Gegebenheiten für die Gründung eines eigenen Betriebs. Aus der Nette bezieht der Forellenhof nämlich das wertvolle Wasser für die Fische. Es fließt über ein Rohr in die Teiche, bleibt dabei ständig in Bewegung und wird wieder dem Fluss zugeführt. Die Wasserversorgung und Pflege der extrem empfindlichen Forellen ist für beide Frauen ganz schöne Knochenarbeit in dem sonst eher männlich geprägten Beruf.

Adresse Am Forellenteich 19, 49090 Osnabrück, Tel. 0541/62522, www.forellenhofnettetal.de | **ÖPNV** vom Neumarkt Bus M1, Haltestelle Östringer Weg, rund 25 Minuten Fußweg | **Tipp** Im nahe gelegenen Rulle steht die Wallfahrtskirche, ein ehemaliges Zisterzienserinnenkloster, gegründet 1246. Bis zu 50.000 Pilger locken jährlich die Hostiendose des legendären Blutwunders, die Marienverehrung und das angeblich heilende Wasser des Marienbrunnens an.

35 Der Friedensgarten

Daheim im biodynamischen Naturstück für alle

An diesem Spätsommernachmittag schüttet es wie aus Kübeln, ganze Wasserfälle schwappen von den Planen des kunterbunten Zirkuszeltes am Treffplatz »Friedensgarten e. V.«. Drinnen ist es gemütlich, und kurz darauf scheint endlich die Sonne. Draußen betört nun der Duft von Wildkräutern und Obst, und der mehrjährige Blühsaum entlang des öffentlichen Fußweges leuchtet in allen Farben.

Das 10.000 Quadratmeter große Wiesenstück des Friedensgartens liegt etwas versteckt neben dem neuen Großspielplatz an der Lerchenstraße. Apfelbäume, Kopfweiden, Blumen, Küchenkräuter und über 100 verschiedene Gemüsesorten sind seit der Gründung 2012 ordentlich gewachsen – es wird biologisch gewirtschaftet. Von Frühling bis Herbst gärtnert, baut und plaudert man auf Gemeinschafts- und Einzelbeeten, jeden Samstag um 15 Uhr. »Die Stadt ist unser Garten«, so ist das Motto im »Urban Gardening«. Dahinter steckt aber auch die Idee, dass jeder mitmachen darf. Ob arm, reich, alt, jung, ob Osnabrücker oder »tolopen Volk«, wie Zugereiste hier genannt werden.

Zusammen mit gemeinnützigen Initiativen wie dem Pilotprojekt der Hochschule (www.ui-urbane-interventionen.de) ist gerade ein mobiles Stadtteilcafé aus Recyclingmaterialien entstanden – für jedermann ausleihbar. Eine andere Initiative des Friedensgartens ist Foodsharing (foodsharing.de; de-de.facebook.com/foodsharingos). Sie rettet Essen vor dem Müll und bringt es in öffentliche Sammelkühlschränke, sogenannte »Fair-Teiler«, die bis zum Rand gefüllt werden mit Gemüse, Obst und Brot. Und jeder, wirklich jeder darf sich kostenlos bedienen oder den Kühlschrank befüllen. Zwei gibt es schon, ein dritter ist in Planung.

Heute wird zusammen mit den »Foodsavern« geschnippeltes Frisches im Freien gekocht – aus geretteten Lebensmitteln. Bunte Blüten und Kräuter aus dem Friedensgarten kommen hinzu. Es bleibt sonnig. Die Schnippeldisco kann losgehen.

Adresse Kreuzung Vehrter Landstraße / Haster Weg, hinter der Herman-Nohl-Schule, 49088 Osnabrück, https://friedensgartenos.de | ÖPNV vom Bahnhof Bus 14, vom Neumarkt Bus M5, Haltestelle Haster Weg | Tipp Direkt gegenüber vom großen, innovativen Spielplatz, an der Lerchenstraße 142, stehen im griechischen Restaurant zwei vollautomatische Bundeskegelbahnen zur Verfügung, Tel. 0541/1505480.

36 Die Friedhofseinfahrt

Einmal von Hypnos zu Thanatos und zurück bitte!

Bis in die 1950er Jahre schepperte durch die Einfahrt des Hasefriedhofs traditionell eine dunkel lackierte Leichenkutsche. Auf dem Bock saß der Bestatter, düster, mit schwarzem Zylinder und Bibel, gefolgt von einem Trauerzug der Hinterbliebenen, die dem Verblichenen das letzte Geleit gaben.

Der Friedhof lag auf Anordnung Napoleons außerhalb der Stadtmauer, um den damaligen hygienischen Missständen von Bestattungen an Kirchen und Hospizen vorzubeugen. 1808 angelegt, wurde der Hasefriedhof 2015 entwidmet.

Die älteste von drei Wagenzufahrten bildet an zwei Reliefpfeilern die Personifikationen der Zwillingsbrüder Hypnos (rechts) und Thanatos (links), Söhne der Nyx, der Nacht, aus der griechischen Mythologie ab. In ihrer beschützenden Funktion als Genien des Schlafes und des Todes sieht man sie hier als kindliche Gestalten, teils noch an die Barockzeit angelehnt. Putten dienten allegorischen Zwecken und erinnerten an die Vergänglichkeit. Beide halten eine lodernde gesenkte Fackel, Symbol des erlöschenden Lebens. Schon kaiserzeitliche Grabdenkmäler nahmen dieses Motiv auf, das seinen Ursprung im Mithraskult hat. Auf den Steinreliefs schläft Hypnos, während sich sein Brunder am Trauerort die Tränen von den Augen tupft.

Die Pfeiler mit ihrer Ikonografie sepulkraler Zeichen dokumentieren die Friedhofskultur der klassizistischen Epoche (1770–1840). Sie ist künstlerisches und geistiges Gegenprogramm zur vorangegangenen barocken Phase, die unerbittlich Tod und Verwesung in den Vordergrund stellte. Ebenso finden sich christliche Symbole kaum auf älteren Gräbern. Die Vorstellung von der leiblichen Auferstehung verlor an Plausibilität. Man orientierte sich an Ideen der Aufklärung und rezipierte die klassische Antike. Daraus erwuchs die Sehnsucht, den Tod positiv zu besetzen, ihn ästhetisch zu entschärfen: Die Seele wird vom sterblichen Körper befreit und existiert ewig, oft versinnbildlicht im Schmetterling.

Adresse Bramscher Straße 66, 49088 Osnabrück | **ÖPNV** vom Neumarkt Bus 18, M1, Haltestelle Hasefriedhof | **Tipp** An der Bramscher Straße 66 hat Katrin Lazaruk mit ihrem Label »made in Osnabrück« ein Atelier eröffnet. Sie macht Kunst aus Kassettenbändern und veranstaltet Lesungen, Ausstellungen und Workshops (www.madeinosnabrueck.de).

37_Der Friseursalon mit Puppenklinik

Frau Huneckes Gespür für neue Strömungen

Die älteste Einkaufsstraße der Stadt ist die Hasestraße. In der Epoche des Kaiserreiches finanzierten die hier ansässigen Kaufleute den Hasetorbahnhof mit. Übrig geblieben ist der Friseurladen von Familie Hunecke, der seit 1895 besteht und heute in vierter Generation betrieben wird. Maike Hunecke übernahm 2005. Stammkunden kommen seit Jahrzehnten zum Haareschneiden.

Heute ist das Besondere die Kombination aus Friseursalon, Spielwarenhandel und Puppenklinik. Der ahnungslose Passant sieht zunächst nicht, was sich hinter dem Verkaufsgeschäft außerdem noch abspielt. Da bekommen nämlich nicht nur Puppen neue Perücken, sondern auch Damen und Herren einen neuen Haarschnitt. Der 120 Quadratmeter große Spezialladen ist dreigeteilt: Hinter dem Verkaufsraum folgt rechter Hand die Puppenklinik und linker Hand der Haarschneidesalon. Hunecke ist für alles gleichzeitig zuständig, dabei aber ganz entspannt.

Das multifunktionale Konzept wurde geboren, als man das Schaufenster des Friseursalons mit Puppen schmückte. Schließlich verkauften sie sich so gut, dass ein Spielzeuggeschäft repräsentativ nach vorn verlagert wurde.

Gut 30 Prozent der Artikel sind echte Handarbeit – das gilt für Kleidchen genauso wie für ganze Puppen. Bis in die 60er Jahre hinein war das Verarbeiten von abgeschnittenen Zöpfen der Kundschaft zu Puppenperücken ganz normal bei Friseuren der Hasestraße. Doch nur einer blieb übrig.

Wie so viele kämpft Hunecke als Einzelhändlerin gegen Discounter, Internet und ständige Verfügbarkeit. So brütet sie gerade am Geschäftsmodell für »Mietregale« unterschiedlicher Kunsthandwerker in ihrem Laden. Mit einem lauten Rums schließt sie die uralte Kasse. Einmal die Woche geht sie meditieren.

Adresse Hasestraße 4, 49074 Osnabrück, Tel. 0541/22533, www.huneckes-puppenwelt.de | **ÖPNV** vom Neumarkt Bus M1, M5, Haltestelle Hasetor | **Öffnungszeiten** Di–Fr 9.30–13 und 14–18 Uhr | **Tipp** In der Mühlenstraße erinnert das Wandgemälde »Hexenwahn« des Osnabrücker Künstlers Axel Gundrum eindringlich an die zwei Verfolgungswellen einmal zwischen 1583-1592 und 1635-1639.

38 Die Fritz-Wolf-Büste

Männekesmaler mit Haut und Haaren

Wie gut, dass Kunstwerke bisweilen Menschen darstellen, die uns positiv oder nachdenklich stimmen sollen. Zu einer wohlwollenden Einsicht kommen wir beim Schlendern durch die Altstadt, wo der Karikaturist Fritz Wolf (1918–2001) vom Bildhauer Werner Klenk 2003 als Bronzebüste in authentischer Art und Weise verewigt wurde: Schiebermütze und Schal, Papier mit Federhalter und Tintenfass.

Die prägnante Schlagzeile einer Ausstellung über ihn im Haus der Parlamentarischen Gesellschaft in Berlin lautete mal lakonisch: »Er sticht mit der Feder, aber es fließt kein Blut.« Seine Karikaturen erzielen zwar schmerzhafte Wirkungen, sind dabei aber nicht beleidigend oder respektlos. Ihm war diese bescheidene Art zu eigen, sich selbst nicht zu ernst zu nehmen, ihn interessierten sowohl der Bürger von nebenan als auch die »Großkopfeten«. Ein Mensch, so ist zu lesen, der ungern auf dem Sockel stand, sich selbst ironisch im Osnabrücker Platt als »Männekesmaler« bezeichnete und die Auffassung vertrat, es handle sich bei seinen Zeichnungen lediglich um Tagesprodukte, die weitab jedes künstlerischen Anspruchs einzuordnen seien. Freunde bekamen gern Karikaturen gegen Bezahlung in Naturalien, bevorzugt: Whiskey.

Der Wahl-Osnabrücker zog 1949 mit seiner Frau Edith Wolf, geborene Meyerhoff, in die Stadt, selbstlos stand sie ihm zur Seite. Ohne ihr Urteil gab er bei Redaktionsschluss nichts ab. Er schätzte die Provinz, kam aus Mülheim an der Ruhr, geboren als ältestes von sieben Kindern.

In ganz Deutschland und im deutschsprachigen Ausland ist er durch seine im »Stern« veröffentlichten »Bilder aus der Provinz« bekannt geworden. In 20 Jahren publizierte er hier nahezu 6.000 Zeichnungen. Jede Karikatur verrät Wolfs politischen Scharfsinn – pointiert und mit Witz. Beim Fritz-Wolf-Platz sind in der kleinen Passage, die ebenfalls nach ihm benannt ist, gelegentlich Schaustücke von ihm in den Vitrinen ausgestellt.

Adresse Fritz-Wolf-Platz, 49074 Osnabrück | ÖPNV vom Neumarkt Bus M1, M5, Haltestelle Theater | Tipp Die Fritz-Wolf-Gesellschaft und -Stiftung haben eine Dauerausstellung im Steigenberger Hotel Remarque in der Lobby initiiert: »Bilder aus der Provinz« (Natruper-Tor-Wall 1).

39_Die Gärten der Weltreligionen

Solange der Glauben des anderen fasziniert …

Der 11. September 2001 war ein Tag, der die Welt veränderte. Die Anschläge muslimischer Selbstmordattentäter auf die Türme des World Trade Centers und das Pentagon lösten einen kollektiven Schock aus. Es verstärkte die ohnehin schon bestehende Trennung der Religionen und die Ansicht, im Fremden meist das Bedrohliche zu sehen: Nun verbreitete sich noch vehementer, der Islam lehre den Terrorismus als Glaubensziel. Die pauschale Stigmatisierung der in Deutschland lebenden Muslime ist nach wie vor gefährlich.

In der kleinen Großstadt Osnabrück nahmen Eltern, Schüler und Lehrer des Gymnasiums »In der Wüste« dieses Ereignis zum Anlass, sich um einen interkulturellen und interreligiösen Brückenschlag zu bemühen. Es galt nun, dem abgerissenen Dialog zwischen der westlichen und der islamischen Welt etwas Verbindendes entgegenzusetzen. So entstand die Idee, das universale Element von Christen, Juden und Muslimen – den »Garten«, Symbol für das Paradies – herauszustellen und als »Gärten der Hoffnung« anzulegen.

Für die Umsetzung boten sich drei große Atriumhöfe im Schulgebäude an. Die logistische Herausforderung war 2005 geschafft. Es entstanden ein »fernöstlicher Garten der Erleuchtung« und ein »jüdisch-christlicher Paradiesgarten«. Der Landschaftsarchitekt Kamel Louafi beriet die Schule zum »islamisch-maurischen Garten«, der zeitgleich mit dem islamischen Garten der »Gärten der Welt« in Berlin-Marzahn entstand. Diese drei Orte repräsentieren jeweils die Religionen ihres Kulturkreises, deren Inhalte in Führungen und Veranstaltungen vermittelt werden.

Das multikulturelle Klima prägt heute die Schule. Gäste kamen schon aus Australien, Kanada, Südafrika, Burjatien und Israel. Auch die Bundespräsidenten a. D. Horst Köhler und Christian Wulff waren hier präsent.

Adresse Kromschröderstraße 33, 49080 Osnabrück, Tel. 0541/3234386 | **ÖPNV** vom Neumarkt Bus 19, M4, X15, Haltestelle Kromschröderstraße | **Öffnungszeiten** täglich zu Schulzeiten geöffnet, sonst nach Vereinbarung | **Tipp** Das wenige Gehminuten entfernte Mahnmal Alte Synagoge ist am ursprünglichen Ort der Synagoge aufgebaut. In der Reichspogromnacht 1938 brannte sie, einen Tag später wurde sie auf Weisung des Oberbürgermeisters Erich Gaertner abgerissen (Alte Synagogenstraße, 49078 Osnabrück).

40 Das Gartentor

Ein durchweg merkwürdiger Ort

Das Gartentor quietscht beim Öffnen hoch, beim Schließen tief. Die Pforte ist eingebettet in ein historisches Sandsteinportal und steht völlig unvermittelt vorm Parkhaus des Marienhospitals an der Bischofsstraße. Seiner Funktion beraubt, gibt es kein romantisches, blumenumranktes Grünstück dahinter, sondern – etwas skurril – den Zugang zur Notdienstambulanz.

Auf dem oberen Abschnitt des Tores ist ein Wappen mit einem Ritterhelm über drei Tannen eingemeißelt. Die eingeritzte Jahreszahl 1913 ist noch erkennbar. Alles Indizien, die den Standort des Schmuckstücks als einen von zwei ehemaligen Gärten des Weingroßhändlers Hoberg entlarven. Typisch für betuchte Stadtbewohner war damals eine zweite Gartenanlage außerhalb ihres Wohngrundstückes. Im Laufe der Zeit wurde dieser auswärtige Garten der Hobergs an der Bischofsstraße zu einem Baugebiet. Das denkmalgeschützte Tor versetzte man aufgrund von Abrissarbeiten und Grundstücksbegradigungen um einige Meter.

Nicht weit entfernt, in der Johannisstraße 92/93, steht noch das herrschaftliche Stadthaus, damals mit der 1798 gegründeten Weinhandlung. Abermals sind im Giebel das noch prächtiger ausgearbeitete Wappen und in goldenen Blockbuchstaben der Name »Hoberg« zu erkennen. Der katakombenähnliche Keller unter dem Haus wird heute noch zur Lagerung von Wein des jetzigen Inhabers der Hoberger Weinhandlung in der Lotter Straße 31 genutzt.

Den Schriftsteller Erich Maria Remarque inspirierte im Sommer 1930 der Blick auf den idyllischen Hauptgarten mit üppigem Walnussbaum, Kirsch- und Apfelbäumen. Zweimal mietete er bei den Hobergs ein Zimmer. Die damals zwölfjährige Karla erinnert sich noch an den in Gedanken versunkenen Mann. Ansprechen durfte sie ihn nicht, wohl aber dessen Grammofon mit neuen Schallplatten ankurbeln, denn Remarque schätzte Musik bei der Arbeit. An diesem Ort verfasste er seinen Roman »Der Weg zurück«.

Adresse Bischofsstraße 41 (Parkhaus Marienhospital), 49074 Osnabrück | **ÖPNV** vom Neumarkt Bus 12, M1, M3, M5, Haltestelle Johanniskirche, vom Bahnhof Bus 13, 94, Haltestelle Marienhospital | **Tipp** Den »Ständebrunnen« an der Johanniskirche entwarf der Beuys-Schüler Bonifatius Stirnberg, eingeweiht 1981. Er zeigt die Landstände des 17. Jahrhunderts: Geistlichkeit, Ritterschaft und freies Bürgertum. Man kann die Figuren anfassen und mit ihnen spielen, denn die Gliedmaßen sind beweglich.

41 Das Gertruder Loch

Großes unterirdisches Geheimnis – einmalig im Norden

Wenn die Abenddämmerung hereinbricht, kriecht ein schwarzer, einäugiger Hund aus einem Loch im Bürgerpark und treibt sein Unwesen. Diese und weitere Sagen reihen sich zu Mythen und Wahrheiten. Da ist die Rede von einer germanischen Kultstätte, Karl dem Großen, Zwergen, einer patriotischen, ihr Leben für Osnabrück opfernden Jungfrau, von im Jahr 1701 entdeckten Falschmünzern, einem Räuberversteck, einer Pilzzucht, Bierkellern und Menschen, die im Zweiten Weltkrieg in der Höhle Schutz suchten.

Das Gertruder Loch ist keine Höhle, die auf natürliche Weise durch geologische Prozesse entstand. Vor über 700 Jahren wurde sie als unterirdischer Steinbruch für Trochitenkalk von Menschenhand geschaffen. Mit ihm wurden Häuser ebenso errichtet wie Mauern um das Kloster oder ab 1540, mit einem ausgedehnten Kalkofenbetrieb, die Festungsanlage.

1333 ging die verlassene Steingrube im Tausch gegen einen Acker in den Besitz des Klosters auf dem Gertrudenberg über. Bei einem feindlichen Angriff merkten die Nonnen, dass sich durch ihren Brunnenschacht tief liegende Quergänge eröffneten, die bis zum Geheimgang der »Hohen Brücke« (Vitischanze) in die wehrhafte Stadt führten. Von den weitverzweigten Gängen sind heute 1.000 Meter begehbar. Der Rest ist abgemauerter, mit Zementschlämme verpresster und mit Schutt verfüllter Hohlraum. Wie weitläufig das Gängesystem tatsächlich ist, weiß keiner ganz genau. Bemerkenswert sind in geologischer Hinsicht Ansätze von Stalaktiten, fossile Einschlüsse, extrem seltener Phantomkarst oder durch den von Höhlenwinden aufgewirbelten Staub entstandene seltene Malereien.

Das Stollensystem sorgt seit Jahren für Streit mit der Bundesanstalt für Immobilienaufgaben (BImA), die alles verfüllen will. Der Verein »Gertrudenberger Höhlen Osnabrück e. V.« möchte aber das Kulturdenkmal als geologische Besonderheit geschützt sehen und ist überzeugt: Mit dem Kalk trieben schon römische Kaufleute Handel!

Adresse Bürgerpark, 49088 Osnabrück, Tel. 0541/187527, www.gertrudenberger-hoehlen-osnabrueck.de | **ÖPNV** vom Neumarkt Bus M5, Haltestelle Am Bürgerpark | **Tipp** Geht man den Berg hinunter und über die Hase, kommt man zum Kunstraum »hase29«, wo seit 2016 herausragende, aber noch nicht etablierte Kunst präsentiert wird (Hasestraße 29/30).

42 Die gesprühte Kuh

Kuhle Kuh: Graffiti sind sinnvoll!

Eine Epidemie grassiert: die Graffiti-Kuh. Die Welle begann in der Stadt Minden an der Weser, wo die Kuh über 150-mal auf Mauern, Brückenpfeilern oder Stromkästen präsent ist. Ein Fan hat sie bei Facebook auf den Namen »Mooh« getauft. Nun glotzen uns rund zehn Schwarzbunte auch in Osnabrück an. Die Stadt sieht das als Sachbeschädigung. Doch es handelt sich um ein sogenanntes Antragsdelikt, erst mit einer Anzeige oder wenn der Sprayer auf frischer Tat ertappt wird, gibt's eine Geldstrafe. Viel ist über den Sprüher nicht bekannt, nur dass er sich »John« nennt und gern mal mit »The Kuhl Kid« signiert. 2015 gab er ein einziges Interview bei Radio Westfalica, nachdem er das Wahlplakat des Mindener Bürgermeisters Michael Jäcke mit einem Kuhkopf übermalt hatte. Im Internet gibt es zwei Videos, in denen sich der Sprayer selbst mitten in der Nacht gefilmt hat und zeigt, wie sein schwarz-weiß geflecktes Rindvieh auf Urlauben Verbreitung im Ausland findet. Inzwischen ist Mooh schon in Paderborn, Bielefeld, Hamburg, Köln, Paris und Portugal zu Hause.

Ihre Botschaft ist politisch durchweg positiv konnotiert. Kritik an Diskriminierung und »positive thinking« sind ihre Gegenstände. Jede Form von Kommerzialisierung wird abgelehnt. In Comicblasen sagt Mooh zum Beispiel: »Don't believe my hype«, »Bleib dir treu«, »Hass ist Ballast«, »Neuer Tag, neues Glück«, »Dick ist schick«, »Mut ist Freiheit«.

Vielleicht ließ sich der Sprayer von Aldis Comic-Kuh auf dem Pudding »Flecki«, von »La vache qui rit« oder von Micky Maus' Klarabella Kuh inspirieren? Man weiß es nicht. Rein künstlerisch ist sie jedenfalls eine minimalistische und trotz des knappen Zeitraums, in dem sie geschaffen werden muss, ausdrucksstarke Kuh. Auch wenn sie immer ein wenig bedröppelt dreinschaut mit ihrem voluminösen Bauch, den knochigen Ärmchen und stark vereinfachten Augen, die aber sprechen können: Johns Mooh zeigt Charakter.

Adresse drei Kühe in der Seminarstraße 7–17, 49074 Osnabrück | ÖPNV vom Neumarkt Bus 16, 17, 19, M4, Haltestelle Universität | Tipp Am Ledenhof 3 ist im Ledenhof-Turm die älteste Spindeltreppe Norddeutschlands erhalten sowie im Festsaal des Ledenhofs eine bemalte Decke des Übergangs von der Gotik zur Renaissance.

43 Die Glasmedaillons

Fromme Welt in warmen Tönen

»Eine feste Burg ist unser Gott«, singen wir im Kirchenlied von Martin Luther, der mit dem Text eigentlich den 46. Psalm auslegte. Doch der avancierte zum evangelischen Bekenntnislied schlechthin.

Trutzig ist auch das Erscheinungsbild der Lutherkirche, die von 1907 bis 1909 nach Plänen Karl Börgemanns erbaut wurde. Sie ist die einzige Jugendstilkirche und neben der Bergkirche, schon 1893 entstanden, eine der ersten modernen Sakralbauten Osnabrücks. Dem wehrhaften Aussehen werden im Inneren feinste ornamentale Ausmalungen in Grau, Beige und Ockergelb mit roten, goldenen und blauen Akzenten entgegengesetzt. Nicht das Leiden Jesu, sondern der auferstandene Christus dominiert die Apsis. Eine Restaurierung in den 80er Jahren brachte diese in Norddeutschland einzigartigen Jugendstil-Dekorationen hervor.

In einem stillen Winkel des Treppenaufgangs vom südwestlichen und nordöstlichen Turm beeindrucken die letzten Kirchenfenster der Erbauungszeit. Nach Art eines Medaillons sind Luther und Philipp Melanchthon porträtiert. Betrachtet man den Grundriss, liegen sie einander diagonal gegenüber und bilden symbolisch die Grundsäulen der gesamten evangelisch-lutherischen Kirche.

Zwischen Philipp Melanchthon (1497–1560) und dem 14 Jahre älteren Martin Luther entwickelte sich eine ganz besondere Beziehung. Im Verlauf ihrer gemeinsamen Studien an der Wittenberger Universität wies Luther Melanchthon in die reformatorische Theologie ein. Melanchthon hingegen lehrte Luther die griechische Sprache und verfasste 1521 das erste Handbuch der reformatorischen Lehre, »Loci Communes«. Die Innigkeit ihrer Freundschaft formulierte Melanchthon empathisch – »Ich würde lieber sterben, als von diesem Mann getrennt zu sein« –, und Luther urteilte über seinen Mitstreiter: »Dieser kleine Grieche übertrifft mich sogar in der Theologie.« Melanchthon war es auch, der Luther motivierte, die Bibel in ein für das Volk verständliches Deutsch zu übersetzen.

Adresse Iburger Straße 71, 49082 Osnabrück | **ÖPNV** vom Neumarkt Bus 12, M5, vom Bahnhof Bus 17, Haltestelle Lutherkirche | **Tipp** Ein imposantes Panorama bietet sich am Ziegenbrink, wenn man auf die Kuppe zwischen Gemeinschaftszentrum und Schießstand klettert. Im Winter kann man hier auch sehr gut rodeln.

44 Die Göttinnen

Geliebte Antike am Heger-Tor-Wall

Wer in den seltenen Genuss kommen möchte, kostenlos lebensgroße Werke der Antike anzuschauen, kann dies vor dem Kulturgeschichtlichen Museum tun: Den Treppenaufgang zieren die Bronzestatuen der in der griechischen Mythologie benannten Artemis und Aphrodite, römisch die »Diana Gabii« und die »Venus Genetrix«.

Venus Genetrix mit dünnem Chiton, der die linke Brust frei lässt, hält mit der Hand ihren Mantel in einer den Körper enthüllenden Bewegung seitlich über der Schulter. Diese römische Kopie des Bildhauers Arkesilaos nach dem griechischen Bronzeoriginal des Kallimachos aus dem 5. Jahrhundert vor Christus steht nach römischer Tradition für die mythische Stammmutter Venus, deren Sohn Aeneas wiederum der Stammvater der Römer ist. Die Julier wie Caesar und sein Adoptivsohn Augustus bezeichneten sich als ihre Nachkommen.

Diana Gabii hält ihren Peplos, der von der rechten Schulter gerutscht ist, mit beiden Händen zusammen. Sie ist die griechische Göttin Artemis der Jugend, Beschützerin des Wilds, meist mit Pfeil und Bogen in Form der Mondsichel dargestellt – in Kleinasien wird sie auch als Fruchtbarkeitsgöttin verehrt. Doch hat der Bildhauer Praxiteles hier mit seiner Interpretation den mädchenhaften Aspekt der göttlichen Jungfrau verabsolutiert.

Beide Statuen sind Abgüsse antiker Marmorskulpturen im Pariser Louvre und werden Ludwig Wilhelm Wichmann um 1850 zugeschrieben. Sie befinden sich seit 1962 als Dauerleihgabe der Nationalgalerie Berlin im Besitz des Kulturgeschichtlichen Museums. Dessen neoklassizistische Architektur macht die damaligen Ideale eines Bildungsbürgertums in Anlehnung an die griechische Klassik deutlich, die für wertvolle Vermittlung von Kunst und Wissenschaft standen. Das Giebelfeld über der Freitreppe schmückt ein Kopf der altitalischen Göttin Minerva, die Wilhelm Emil Hackländer (1830–1902), Stadtbaumeister seit 1870, als Schirmherrin auswählte. Ihm war die enge Verknüpfung von Kunst und Handwerk wichtig.

Adresse Kulturgeschichtliches Museum, Heger-Tor-Wall, 49078 Osnabrück, www.museumsquartier-osnabrueck.de | **ÖPNV** vom Neumarkt Bus 11, 15, 586, M2, Haltestelle Heger Tor | **Tipp** Ein 100-jähriger Tulpenbaum steht an der Grenze zur Villa Schlikker, Heger-Tor-Wall 27.

45 Das Grafische Kabinett

Überhaupt nicht spießig: Dürers Kupferstiche

Die langen Haare wurden zum Markenzeichen, Bilder wie der »Feldhase«, »Adam und Eva« oder »Rhinocerus« weltbekannt. Er gilt als eine der wichtigsten Figuren der Renaissance: Albrecht Dürer (1471–1528). »AD«, so signierte er stets, und kein anderes Monogramm ist in der Kunstwelt so bekannt. Bereits zu Lebzeiten galt es als Qualitätssiegel.

Grafiken fristen im Museum oft ein beschauliches Schubladendasein. Die Meisterwerke Dürers im Osnabrücker Kulturgeschichtlichen Museum aber nicht mehr lange! Bleibt abzuwarten, wie sich der Raum demnächst gestalterisch zeigt. Von 100 bekannten Kupferstichen finden sich nämlich 56 in der Sammlung, darunter die Meisterstiche »Ritter, Tod und Teufel« (1513), »Der heilige Hieronymus im Gehäus« (1514) und »Melencolia« (1514). Des Weiteren drei berühmte Holzschnitt-Zyklen – »Apokalypse«, »Große Passion« und »Marienleben« – neben rund 180 anderen Dürer-Grafiken. Wem da nicht die Augen tränen, der muss ein ziemlich ignoranter Snob sein.

Zu verdanken sind diese Stars dem Osnabrücker Kunsthändler Dr. phil. Konrad Liebmann (1927–2019). Dicke Brille und Zigarre waren sein Markenzeichen. Anfang der 70er begab sich der Mäzen in Londoner Antiquariatskellern auf die Suche. Leidenschaftlich und mit zähem Willen gelang es ihm, eine fast vollständige Sammlung von Dürers Grafiken aufzubauen. Diese kam zwar unter das Dach der Stiftung Niedersachsen, ist aber ständig in Osnabrück präsent.

Einer der rätselhaftesten Kupferstiche Dürers ist das 1514 gestochene Blatt »Melencolia I«, circa 25 mal 18 Zentimeter groß. Dürer ist 43 Jahre alt und verabschiedet sich vom frömmelnden Genrebild »Betende Hände« aus dem Nürnberg der Butzenscheiben. Er wagt mit diesem Werk als Forscher und Reisender, der seine Zeit mit offenen Augen gesehen hat, den Schritt in die Moderne. Diesem Denk-Bild prophezeite schon 1923 Heinrich Wölfflin, ein »Tummelplatz der Deutung« zu bleiben.

Adresse Lotter Straße 2, 49078 Osnabrück, Tel. 0541/3232207 oder -2237 | ÖPNV vom Neumarkt Bus 11, 15, 586, M2, Haltestelle Heger Tor | Tipp In Sankt Marien am Rathaus hängt der Passionszyklus von Dürer aus den Jahren 1498 bis 1510 im Andachtsraum unter dem Turm. Er besteht aus zwölf Bildern und endet mit der Auferstehung Jesu.

46 Der grüne Campus

Alle Studiengänge beginnen mit Land(wirt)schaft

Mitte der 1960er Jahre hieß sie »Höhere Gartenbauschule in Haste« und legte den Grundstein für die heutige Fakultät. 1971 begann die Entwicklung hin zum »grünen Campus« für Landschaftsarchitekten und Agrarwissenschaftler. Letztere können sogar mit dem Studienschwerpunkt Pferdemanagement ihr Studium vertiefen – das ist einzigartig in Deutschland.

Die Einfahrt zum Campus ist imposant. Unter einem Hochschulstandort stellt man sich etwas anderes als farmartige Gebäude, Gewächshäuser, Versuchsflächen und Teiche mit kleinen Brücken vor. Innerhalb einer schönen Parklandschaft wurde das historische Haus um moderne Hörsäle und eine Bibliothek erweitert.

Gartenbau kann man immer noch studieren. Ab dem vierten Semester erfolgt die Spezialisierung auf die Anbausparten Baumschule, Gemüse-, Zier- oder Obstpflanzenbau. Im Gewächshaus für Obst kreuzt man zum Beispiel Apfel und Birne – das Hybrid unterscheidet sich nur durch seine Blätter vom Apfelbaum, die Frucht ähnelt wiederum einem Apfel, der nach Birne schmeckt. Doch nicht nur der Geschmack zählt, sondern auch andere Eigenschaften wie etwa eine verbesserte Widerstandsfähigkeit gegen Krankheiten. Die Osnabrücker sind mit ihrer Forschung nicht allein, auch Köln, München und Neuseeland arbeiten an der neuen Züchtung, die in 15 bis 20 Jahren marktfähig sein soll.

Riesige Eichen und Buchen umgeben den 6,8 Hektar großen verwinkelten Park, dessen Ursprung in einem bäuerlichen Anwesen, dem Michelhof am Fuße des Haster Berges an der Oldenburger Landstraße, liegt. Ein Nebengebäude und Teile der historischen Hofmauer sind noch erhalten. Die Alterung von Bäumen und damit Probleme der Baumpflege sind hier stets ein Thema. Alles, was man über Staudengärten wissen will, findet man im Süden um einen Teich herum, wo Rittersporn, roter Mohn, lila Kugeldisteln oder rosa Lupinen gedeihen – jeder darf hier innehalten, und das macht verdammt happy.

Adresse Am Krümpel 31, 49090 Osnabrück | ÖPNV vom Bahnhof Bus 10/20, M1, Haltestelle St. Angela oder Bramstraße, zu Fuß in die Straße Am Blumenmorgen gehen und dann in die Straße Am Krümpel einbiegen | Tipp Ein Glasfenster von 1951 mit dem Titel »Gartenkonzert« befindet sich am alten Gebäude gegenüber dem Haupteingang (Am Krümpel 33). Es ist ein Werk des bekannten Osnabrücker Glasmalers Theo M. Landmann.

47 Der Hakenhof

Gutes tun ... Luxus für Bedürftige

Schon die Hakenstraße an der Katharinenkirche im High-Society-Viertel des 18. Jahrhunderts erinnert an ein bekanntes Adelsgeschlecht: an die von Hakes auf Gut Scheventorf bei Iburg, wo sie vom 14. bis ins 17. Jahrhundert ansässig waren. Bekannt wurde Scheventorf vor allem wegen des grausamen Schicksals der schönen Anna von Hake. Einer Legende nach wurde sie in der Zeit des Dreißigjährigen Krieges wegen einer nicht standesgemäßen Liaison von ihrem Vater lebendig in der Burg Scheventorf eingemauert.

Ein Zweig der Familie lebte in Osnabrück und spielte in der Geschichte des Fürstbistums und der Stadt mehrfach eine Rolle. Ludwig Hake und sein Sohn Lübbert sollen als Obleute eines Schlichtungsausschusses bei Streitigkeiten zwischen dem Domkapitel und der Stadt Osnabrück erfolgreich vermittelt haben.

Der heutige Hakenhof an der Kommenderiestraße ist ein Speichergebäude des ehemaligen städtischen Adelshofes aus dem Spätmittelalter. Ein Urenkel Ludwig Hakes gründete und verwaltete diesen. Magister Detharb Sleter, Domherr und Kanonikus an Sankt Johann, kaufte den Hof 1476 und stiftete ihn zwei Jahre später als eines der ersten Armenhäuser der Stadt für zwölf Frauen. Es sind aus dem Mittelalter rund 18 Stiftungen bekannt, die besondere Häuser zur Unterbringung von Armen besessen haben. Dazu gehörte auch die Voß-Stiftung von 1570.

Die Betreuung der Armen und die Wohnungsfürsorge betrachtete man vor 1810 nicht als öffentliche Aufgabe. Sie wurde hauptsächlich von privater und kirchlicher Seite in Form von Stiftungen und Spenden einzelner Bürger oder Zünfte getragen. Einziges bekanntes Beispiel eines ersten öffentlichen Armenhauses vor 1810 sind die 1620 vom Rat aufgekauften Nebenbauten des Tecklenburger Hofes, das heutige Haus der Jugend. Im Kreuzgang des Doms befindet sich noch ein sehr frühes Zeugnis von Stiftern: das Epitaph der Eheleute Marschalk von 1463, das älteste Bildnis Osnabrücker Bürger.

Adresse Kommenderiestraße 32–34/Ecke Süsterstraße (heute Restaurant & Cocktailbar Sausalitos), 49074 Osnabrück | **ÖPNV** vom Neumarkt Bus M1, M3, M5, vom Bahnhof Bus 12, Haltestelle Salzmarkt | **Tipp** Ein weiteres Epitaph von Stiftern eines Armenhauses befindet sich an der nördlichen Kreuzgangwand der Johanniskirche. Zu Beginn des 20. Jahrhunderts hing es noch an einem weiteren Armenhaus, das eine Stiftung der Brüder Monnick war und im Zweiten Weltkrieg zerstört wurde.

48 Die Halle 14

Made in Osnabrück

Die Stadt steht nicht nur für den Westfälischen Frieden, sondern ist auch Industriestadt. Schon im Mittelpunkt des Wappens taucht das Rad auf – ein altes Zunftzeichen der Wagenbauer.

Eine Erfolgsgeschichte ist die von Wilhelm Karmann, der 1901 die bereits 1874 gegründete Wagenfabrik von Christian Klage aufkaufte. Imponierend breiten sich heute die Hallen des ehemaligen Großbetriebs auf 426.000 Quadratmetern an der Karmannstraße aus. Zunächst aber fungierte ab 1911 die einstige Eisengießerei R. Lindemann in der Martinistraße 59–63 als neues Firmengebäude; außerdem nutzte man eine Halle in der Weidenstraße. Parallel dazu gründete Karmann 1935 ein Werkgelände im Stadtteil Fledder und produzierte den legendären von Walter Gropius entworfenen »Autobahnadler« mit Cabriolet-Karosserie. Nach dem Krieg leistete Sohn Wilhelm Karmann junior Aufbauarbeit, zentralisierte ab 1962 alle Werksanlagen im Fledder und entwickelte eine der bedeutendsten Karosseriefabrikationen Deutschlands.

1955 scheint die Sonne mitten im sonst niedersächsischen Nebelgrau. Im Casino-Hotel in Georgsmarienhütte öffnet sich der Vorhang. Vor einem stilisierten Italienpanorama steht ein cremefarbenes Coupé, so elegant, so modern: der Karmann Ghia. Diese Schöpfung deutsch-italienischer Freundschaft (mit Carrozzeria Ghia in Turin) machte fortan eine steile Karriere.

Auf allen Straßen der Welt fuhren vierfenstrige Volkswagencabriolets. Aber nicht in Wolfsburg wurde produziert, sondern an der Hase. Karmann war kein Zulieferer, sondern ein echter Hersteller für Frischluftfahrer – auch für Renault, Mercedes, Jaguar oder Coupés für BMW und Chrysler Crossfire. 2009 kam die Insolvenz. Noch im selben Jahr übernahm VW das Werk, auch Karmanns historische Sammlung. In Halle 14 werden rund 150 Oldtimer, Prototypen, Designstudien, Einzelstücke und verworfene Modelle öffentlich präsentiert.

Bei VW läuft die Golf-Cabriot-Produktion aus.

Adresse Volkswagen, Karmannstraße 1, 49084 Osnabrück, Tel. 0541/5810 | **ÖPNV** vom Neumarkt Bus 381, 382, Haltestelle Hannoversche Straße | **Öffnungszeiten** Terminanfrage für kostenlose Besichtigung von Werk und Sammlung unter besucherdienst@volkswagen-os.de | **Tipp** Im Zoo findet sich am Südamerika-Haus eine Bronzeplatte mit Wilhelm Karmanns Porträt, geschaffen von Hans Gerd Ruwe. Dank der Wilhelm-Karmann-Stiftung können Tapire, Guanakos, Nandus und Wasserschweine nun über eine vergrößerte und neu gestaltete Außenanlage flitzen.

49_Der Hangar

Ein Zuhause für erste spiddelige Luftapparate

Fast schon etwas trotzig ist sie all die Jahre stehen geblieben. Was nach einer Viehhalle eines Schlachthofes aussieht, verkörpert die Wiege der Osnabrücker Luftfahrt. 1866 diente die Fläche von 350.000 Quadratmetern der Netter Heide noch als Exerzierplatz des Infanterieregiments 78. Drei Jahre später statteten Otto von Bismarck und König Wilhelm I. (Majestät damals hoch zu Ross) diesem Platz mit hoheitsvoller Truppenparade einen Besuch ab.

Ein 600 Quadratmeter großer, frei überspannter Stahlbetonbau entstand erst 1914. Der denkmalgeschützte Hangar des ersten Osnabrücker Verkehrslandeplatzes gilt heute neben der bogenförmigen Halle des Flugplatzes Oberschleißheim bei München als die wahrscheinlich älteste bestehende Flugzeughalle Deutschlands.

Die massive Betonkonstruktion mit gewölbtem Glasdach im Holzrahmen hatte einen Hallenvorgänger: einen »windschiefen« hölzernen Schuppen, entworfen von dem noch nicht 16-jährigen Ernst Friedemeyer, mit dem die Pionierzeit des Flugwesens begann. Gustav Tweer organisierte dann ab 1912 regelmäßige Flugtage, die Tausende Menschen faszinierten – Stadt und Militärbehörde dagegen taten das Flugwesen als Zirkusakrobatik ab. Bis Deutschland ein Beobachtungs- und Kampfgerät darin erkannte, dauerte es, fortschrittlicher waren da die Amerikaner und Franzosen.

Am 6. August 1914 endlich, fünf Tage nach dem kaiserlichen Mobilmachungsbefehl zum Ersten Weltkrieg, bewilligten Magistrat und Rat ein Budget von 20.000 Mark für den Bau. Zunächst als Außenlandeplatz genutzt, machte er während des Krieges Karriere als Flugplatz für den Bäderdienst der Lufthansa zu den nordfriesischen Inseln, bevor er Anfang der 1930er Jahre mit der Winkelhausenkaserne der Wehrmacht bebaut wurde – der letzte Start eines Flugzeugs auf diesem Platz erfolgte am 3. Juni 1935.

Der heutige Nutzer ist eine Tiefbaufirma, und rein gar nichts erinnert mehr an die große Vergangenheit der Luftfahrt in Osnabrück.

Adresse Emsweg 1, 49090 Osnabrück | ÖPNV vom Neumarkt Bus 18, Haltestelle Fürstenauer Weg | Tipp Ganz in der Nähe befindet sich das ruhig gelegene Gut Honeburg, dessen Ursprünge bis in die erste Hälfte des 14. Jahrhunderts zurückreichen. In der katholischen Kapelle des Freiherrn Ostman von der Leye aus dem Jahr 1888 kann man sich seit 2011 das Jawort geben.

50 Der Haseuferweg

Immer der Hase nach

Köln verbindet man mit dem Rhein, Osnabrück aber nicht mit der Hase. Seit den 1960er Jahren hatte man sie zugunsten des Autoverkehrs sogar völlig einbetoniert. Der Haseuferweg ändert das: In Zukunft kann man lückenlos 17 Kilometer am Haseufer entlanggehen oder -radeln und entdeckt dabei den Fluss und die Stadt neu. Mit der Würdigung des Flusses wurde schon vor rund 15 Jahren wieder begonnen, indem man Teilstücke der Hase endlich von der dicken Betondecke befreite.

Die Hase war im Mittelalter als Graben vor der Stadtmauer in die Befestigungsanlage einbezogen. Sie trieb Mühlen an, diente Handwerkern als Produktionsmittel, wurde im Alltag als Wasch- oder Badeplatz genutzt und sorgte für den Ablauf von Abwässern. Mit der Industrialisierung und dem Anstieg der Bevölkerungszahl entwickelte sich der Fluss zum Sorgenkind. Er kippte. Trotz der 1914 gebauten Kläranlagen dauerte das Sterben an, und dies änderte sich erst wieder mit dem modernen Umweltbewusstsein. So trägt der Haseuferweg heute auch zur Revitalisierung der Hase bei.

Der wohl beeindruckendste Bauabschnitt ist zwischen Neuer Mühle und Neumarkt entstanden. Dort, wo man früher den breiten, verwahrlosten Hasearm nur von den schwer zugänglichen Hinterhöfen am Kollegienwall aus sah oder vom ehemaligen Café Trümper aus, wenn man den Kopf aus dem Klofenster streckte. Nun ist nach einem Entwurf der Hannoveraner Architekten Irene Lohaus und Peter Carl eine 475 Meter lange und 2,5 Meter breite Stegkonstruktion über das Wasser errichtet worden. Ein weiterer wichtiger Meilenstein beim Ausbau des Haseuferwegs war die Umgestaltung des Geländes der Klöckner-Werke zum grünen Hasepark.

Herrlich hier auf dem Steg am Hasewehr – nur drei Gehminuten vom Hauptbahnhof entfernt. Nun geht es noch durch die Stadtteile Schinkel und Fledder bis nach Lüstringen. Dass die Hase hier überhaupt existiert, wussten selbst viele Osnabrücker Einwohner nicht.

Adresse Start: Wittekindstraße, 49074 Osnabrück | **ÖPNV** vom Bahnhof Bus 10/20, 12, 13, 16, M2, Haltestelle Neumarkt | **Tipp** Am benachbarten Neumarkt, zur Haseseite, steht jetzt das schräg gebaute Hasehaus mit Gastronomien, die zwei große Außenterrassen zum idyllischen Verweilen bei warmen Temperaturen am Flüsschen haben.

51 Das Haus Tenge

Vom Glück neu belebter, alter Gemälde

Märchenhafte Kleider, deren Stoff beim Tanz über ausgedehnte Parkettböden schwebt, spulen sich vor dem geistigen Auge bei der Vorstellung vom einzigen erhaltenen Bankettsaal der Stadt ab. Er befindet sich im ersten Stock des Tenge-Hauses und besticht mit Klarheit, Eleganz und Weite. Auch sonst bietet das Gebäude durch seine verwinkelte Bauweise in fast jedem Raum etwas Neues. Zum Beispiel das direkt an die Rückseite angeschlossene, 600 Jahre alte Steinwerk mit massivem Dachgewölbe – rund 30 Steinwerke in der Altstadt überstanden unbeschadet den Krieg.

Erbaut wurde das klassizistische Wohn- und Geschäftshaus mit Walmdach 1813 von Ernst Friedrich Tenge (1759–1824), drei Generationen der Tenges lebten darin. Sie profilierten sich als Kaufleute, Leinen-, Tuch- und Tabakhändler. In der zweiten Hälfte des 16. Jahrhunderts waren sie noch Handwerker. Kurzum präsentieren sie eine fast vier Jahrhunderte dauernde Familiensaga. Ein zweiter Zweig war in Ostwestfalen sesshaft, betrieb anfangs das Glas- und Papiergewerbe, um dann als Unternehmer der eisenschaffenden und –verarbeitenden Industrie aufzusteigen.

Die Osnabrücker Familienlinie fiel aber um 1860 durch geschäftliche Misserfolge auf den Status von Detailhändlern zurück und verkaufte 1879 an Abraham und Levy David. Die beiden führten ein Modegeschäft. Ihr Nachfahre Otto David vermietete das Dachgeschoss Mitte der 1930er Jahre an die deutsch-jüdische Familie Carl und Clara Meyer, die wenig später nach Argentinien flüchtete.

Otto David überlebte das Konzentrationslager. Die 1898 geborene Gertrud David nicht. Sie wurde Opfer nationalsozialistischer Euthanasie, weil sie an Kinderlähmung und Epilepsie litt. Ein Stolperstein vor dem Herrenhaus erinnert an sie.

Nach der Schließung vom Restaurant »La Vie« ist 2022 wieder Kulinarisches ins Haus gezogen. Café-Bistro Leysieffer ist zurück und öffnete auch den Veranstaltungssaal im Obergeschoss.

Adresse Krahnstraße 1–2, 49074 Osnabrück | ÖPNV vom Neumarkt Bus 11, 15, 586, M2, Haltestelle Heger Tor | Tipp Auf dem Triumphbogen des Heger Tores, das an die letzte ruhmreiche Schlacht Napoleons bei Waterloo erinnert, war schon vor über 100 Jahren die Kastanie auf der angrenzenden Bastion Liebesnest und Aussichtspunkt.

52 Das historische Bildpostkarten-Archiv

Schöne Grüße ab 1900 – online und zum Anfassen

Eine lächelnde Frau rast in ihrer Eierschalen-Kutsche vorbei. Eine Postbotin galoppiert wild auf einem gefleckten Schwein mit Glöckchenhalsband heran und verteilt Postkarten. Fröhliche Soldaten ziehen in den Krieg unter dem Spruch: »Jeder Schuss ein Russ, jeder Stoß ein Franzos, jeder Tritt ein Britt, jeder Klaps ein Japs«.

Es gibt Dinge, die liegen jahrelang herum, verstauben irgendwo, und kein Mensch erkennt ihr Potenzial. So auch bei alten Postkarten. Doch Prof. Dr. Sabine Giesbrecht, emeritierte Musikwissenschaftlerin, sammelte sie vier Jahrzehnte. Lange Zeit gehörten verrückte Motive auf Grußpostkarten einfach zum guten Ton: ein innovatives Ostergefährt, Neujahrspost dank Glücksschwein, Deutsche Kuss-, Benimm- und natürlich Propagandakarten mit Parolen, die sich zu »geflügelten Worten« entwickelten.

18.000 Bildpostkarten nehmen einen mit auf die Reise von der wilhelminischen Zeit über die Weimarer Republik bis zum Dritten Reich. Seit 2010 werden sie in der Universitätsbibliothek aufbewahrt und vom Institut für Musikwissenschaft und -pädagogik gerade neu katalogisiert, digitalisiert und systematisch beschrieben. Der reiche Schatz wird ab und an in Ausstellungen präsentiert und ist in einer Datenbank unter www.bildpostkarten.uos.de zu finden. Giesbrechts Sammlung mit dem Schwerpunkt Musik spiegelt zugleich den sozialhistorischen Kontext der Zeit wider wie den Ersten Weltkrieg, Frauenbilder oder die Lokalgeschichte von Osnabrück und Umgebung. Man kann in unterschiedlichen Kategorien stöbern, zu Osnabrück zum Beispiel unter dem Suchbegriff »Bin soeben in Osnabrück«. Wer diesbezüglich seinen Horizont erweitern will, wird im Osnabrugensien-Bestand der Bibliothek fündig. Auf Anfrage werden aber auch die dicken Tresorschränke im Keller geöffnet, um einen Blick in die Karten zu ermöglichen.

Adresse Alte Münze 16, 49074 Osnabrück | **ÖPNV** vom Bahnhof Bus 10/20, M2, Haltestelle Kamp-Promenade | **Tipp** Im Nikolaizentrum lohnt unbedingt noch ein Blick ins grüne Herz des Wohnschiffes, den »Supertanker«, um die architektonische Originalität der Anlage zu würdigen (zwischen Kamp- und Dielingerstraße).

53_Die Hundeflüsterin

Kasernen-Areal »Am Limberg« im Wandel

Sie ist zum Hund gekommen wie die Jungfrau zum Kind. Sie war eigentlich katzenaffin, doch ihr Mann setzte sich mit der Anschaffung eines kläffenden Vierbeiners durch. Erst ablehnend, dann immer begeisterter begriff Christina Dorn, welches Potenzial in diesen Tieren steckt und was bei Besitzern so alles schiefläuft.

Motiviert durch die Erkenntnis, dass der Hund im Gegensatz zur Katze ein Gruppentier ist, bildete dieser Unterschied auch den Kerngedanken ihrer Pädagogik: Hunde wollen nicht beherrscht, sondern Teil einer Gruppe sein. Das Verständnis der Besitzer für den Hund wird psychologisch so lange verbessert und mit Übungen physisch getrimmt, bis ein gut funktionierendes Team entsteht. Das bieten Dorn und ihre Mitarbeiter mit der »Familienhundausbildung« zunächst in Venne, die Keimzelle ihrer Ideen, an.

Näher an der Stadt, »Am Limberg«, auf dem 70 Hektar großen ehemaligen britischen Kasernenstandort, bot sich genügend neuer Raum. Was mit Städtebaufördermitteln subventioniert bald zu einem »neuen Landschaftspark« werden soll, ist heute noch ein wildes Miteinander: Kindergarten neben Künstlern, Sporthalle neben Lagerräumen, die ehemalige Kasernenkirche mittendrin – und die Hundeschule am Rande – alles immer wieder im Wandel begriffen. Ganz dem Militärcharme entsprechend führen überall Wege »noch« mit Stacheldrahtumzäunung zu ausgedienten Panzerwegen, in deren Rissen sich die Natur ihren Weg zu weiträumigen Plätzen gebahnt hat: Grünflächen zum Austoben und Militärblechhallen.

Dorn ist einzigartig mit ihrem vielseitigen Angebot von ganzjährigem In- und Outdoor-Rundumtraining, Hundeerziehung oder -sport sowie als zertifizierte Prüferin für den Sachkundenachweis. Falls dieser Ort verschwinden sollte, bleibt noch Venne, landschaftlich reizvoll und in direkter Nähe zum Aussichtsturm. Übrigens auch eine Urlaubsadresse für den tierischen Freund im Hundehotel »Venner Aussicht« – 365 Tage im Jahr geöffnet.

Adresse Am Limberg 22, 49088 Osnabrück, www.familienhundausbildung.de, www.venner-aussicht.de | **ÖPNV** vom Bahnhof Bus 15, vom Neumarkt Bus M5, Haltestelle Schlesische Straße | **Tipp** Das kultigste, aber hässlichste Studentenwohnheim Osnabrücks aus den 1970er Jahren steht nicht weit entfernt in der Mecklenburger Straße 2.

54 Das Iduna-Hochhaus

Unter den Wolken …

Der Iduna-Turm verdankt seinen Namen einer Versicherung, nicht der Göttin, die in der nordischen Mythologie für Jugend und Unsterblichkeit steht. Der Anblick des Wolkenkratzers hat auch wenig mit Schönheit zu tun, und seit jeher verbindet die Städter eine Hassliebe mit dem Bau. Die graubraune Fassade aus Waschbeton verbreitet den öden Charme der frühen 1970er Jahre. Mit seinen 66 Metern ist es aber das höchste Haus, weithin sichtbar in der von mittelalterlichen Kirchtürmen geprägten Silhouette des Stadtbildes. Der Untergrund ist wegen des Hochwassers so aufgeweicht, dass das Gebäude eine Schräglage bekommen hat. Immerhin ist der schiefe Turm höher als der von Pisa.

Damals galt diese Architektur als fortschrittlich. Mehr als 125 Wohneinheiten sind auf 21 Stockwerke verteilt, die fächerartig einem mittig emporragenden Turm vorgebaut sind. Zur früher luxuriösen Ausstattung gehörten ein Schwimmbad in luftiger Höhe und ein Concierge-Service in der Tiefe. Zweifellos ist für die Bewohner der Ausblick gigantisch, er reicht bis weit ins Osnabrücker Land.

An der Stelle des Wohnturms stand im späten 19. Jahrhundert die Villa des Chemikers und Industriellen Wilhelm Heinrich Lepenau (1838–1901). Er entwickelte das Leptometer, mit dem man die Viskosität von Ölen bestimmen konnte, und gründete in Salzbergen die älteste Erdölraffinerie Deutschlands. Später lebte die Familie des berühmten Schauspielers Mathias Wieman (1902–1969) in diesem Haus.

Schräg gegenüber, an der Stützmauer zum Hasetor hin, befindet sich seit 1993 das Kunstwerk »…is watching you« von Friedel Kantaut. Etwas verblichen erkennt man noch ein gespraytes, grimmig dreinblickendes Gorillaporträt, ursprünglich war auch eine Funkuhr integriert. Es stellt einen Dialog mit dem von Ruhelosigkeit geprägten, mehrspurigen Innenstadtring her. Vielleicht drückt der Primat ja auch den Unmut über das hässliche Bauwerk aus.

Adresse Erich-Maria-Remarque-Ring 11, 49074 Osnabrück | **ÖPNV** vom Bahnhof Bus 14, 15, Haltestelle Nonnenpfad | **Tipp** 1967 erhielten zwei Brücken über die Hase ihre Namen nach Partnerstädten: die »Angers Brücke«, die in die Hasestraße führt, und gleich daneben die »Haarlem Brücke«. Beim Herrenteichswall zu L+T hin verläuft die »Çanakkale Brücke«, benannt nach der Partnerstadt in der Türkei.

55 Der Imbiss Jim Blake

Legende mit britischen Wurzeln

Once upon a time lebten viele junge Männer in Osnabrück, und die kamen aus England. Sie hatten geholfen, Hitler zu besiegen. Dann waren sie in großen Kasernen dageblieben. Bald holten sie ihre Familien nach, richteten sich ein und bekamen Hunger – auf Fish and Chips. Doch weit und breit verkaufte niemand so etwas. Missmutig schauten Sergeants, Captains und Colonels nach dem Exerzieren aus ihren Fenstern: Kein englischer Nebel in Sicht, und obendrauf knurrten die Mägen. Meuterei lag in der Luft.

Da rettete Jim Blake die britische Armee und schuf echte Völkerverständigung. 1966, als die Beatles »Help me if you can« sangen, eröffnete der ehemalige britische Soldat den lang ersehnten kulinarischen Anlaufpunkt in der Dodesheide. Schon nach vier Wochen nahm der Zulauf überhand. Schnellstens mussten Servicekräfte her! Gleich in der Nachbarschaft wurde er fündig. Frau Flake, ein Haus weiter, wurde neue Chefin vom Dienst. Schon bald beherrschte sie ein »schickes Pommesenglisch«. Das war auch nötig. Die britischen Familien und immer mehr Deutsche strömten in den Imbiss. Besonders wenn im damaligen englischen Kino in der Ellerstraße die Abendvorstellung endete, standen die hungrigen Engländer in Schlangen bis auf die Straße, um Fish and Chips mit original Malt Vinegar zu kaufen – fein säuberlich in Zeitungspapier eingewickelt.

In Zeitung eingewickelt wird auch heute noch. Denn nach Jims Ableben nahm Frau Borkowski 1976 das Zepter in die Hand. Sie legt Wert auf diese Tradition und ein breit gefächertes Angebot. Ob Pommes, Fleischkroketten, Brathähnchen oder Jägerschnitzel: Der Service ist stets freundlich und prompt. Auch deshalb treibt besonders im Advent die Sehnsucht manchen Sergeant a. D. wieder über das Meer und in die Dodesheide zu Jim Blake. Jims Foto, rechts neben der Theke, begrüßt dann die alten Soldaten und jeden neuen Gast erst recht.

Adresse In der Dodesheide 85, 49088 Osnabrück, Tel. 0541/15456 | **ÖPNV** vom Bahnhof Bus 15, Haltestelle Ellerstraße Nord | **Tipp** Auf dem größten ehemaligen britischen Kasernenstandort Am Limberg entsteht ein attraktiver Landschaftspark (mit Fahrradwegen), circa 72 Meter breit und 800 Meter lang. Die Anschlüsse erfolgen über die Newtonstraße, die Walter-Haas-Straße, die Straße in der Dodesheide und den Bierbaumsweg.

56 Das Innenstadt-Kloster

Bei sich selbst wohnen

»Wer ist der Mensch, der das Leben liebt?« – Mit dieser Frage eröffnen die Nonnen des Benediktinerinnenklosters ihre Homepage, und so wirbt der heilige Benedikt aus Nursia (480–547) im Prolog seiner »Regula Benedicti« für das monastische Leben. Das kleine Werk ist keine theologische Abhandlung, legte aber vom 9. Jahrhundert an den Grundstein für Anweisungen zum täglichen Miteinander im Klosterleben des europäischen Mittelalters.

Als Realist und Praktiker findet Benedikt klare Worte: Für den suchenden Menschen sei ein genau abgesteckter Lebensrahmen hilfreich, um seinen Glauben und sich selbst zu entwickeln. Zwar ordnet er an, man solle »nicht Leeres und Lächerliches reden« oder »das ausgegossene Lachen nicht lieben«, maßvolles Scherzen und Lachen aber räumte er den Mönchen ein. Das widerspricht dem Klischee des spaßlosen Daseins im Kloster ebenso wie einzelne Stellen in Schriften Hildegard von Bingens oder die Witzsammlungen »joca monachorum« verschiedener Klöster.

Die »Benediktinerinnen vom Heiligsten Sakrament«, 1653 von Catherine de Bar in Paris gegründet, leben und arbeiten wie Benediktiner überall auf der Welt nach den Regeln des Ordensgründers. Das Kloster liegt gegenüber der Vitischanze mit Barenturm am Fluss Hase. Das »habitare secum« (wohnen bei sich selbst) üben sie jeden Tag aufs Neue. Frauen von außerhalb können hier ebenfalls Stille und Einkehr suchen.

Die Geschichte des Klosters ist gekennzeichnet von etlichen Auf und Abs: Enteignung während der Säkularisierung, als das Kloster sich noch auf dem Gertrudenberg befand; nach dem Bau des Klosters 1854 am Hasetor mussten die Nonnen infolge des »Kulturkampfes« unter Otto von Bismarck 1875 in die Niederlande flüchten; 1890 zurückgekehrt, begannen sie 1896 mit dem Bau des neuromanisch-basilikalen Gebäudes; 1944 im Krieg zerstört, begann ein letztes Mal der Wiederaufbau.

Adresse Hasetorwall 22, 49076 Osnabrück, www.osb-os.de | **ÖPNV** vom Neumarkt Bus M1, M5, Haltestelle Hasetor | **Tipp** Am Neumarkt, wo heute das Landgericht steht, florierte ein Augustinerkloster, von dem Anfang des 16. Jahrhunderts die Reformation in Osnabrück ausging. Wenigstens die mächtige Platane hat die Zeiten überdauert.

57_Das »K 208«

Einer für Eingeweihte: Grenzgänger konkreter Kunst

Er liebte es, Dreiecke, Striche, Kreise, Vierecke und Farben gegeneinander auszubalancieren. Im Kopf war er Mathematiker, praktisch Grafiker, Maler und Bildhauer. Gemeint ist Friedrich Vordemberge-Gildewart (1899–1962), der konsequent bis zu seinem Tod seine reduziert geometrisch-abstrakte Ästhetik durchzog. V-G, wie er sich selbst abkürzte, legte sich 1920 den Namenszusatz »Gildewart« nach seiner Geburtsstraße zu, um sich vom gleichnamigen Vetter abzugrenzen.

Eine stark vergrößerte Reproduktion seines Werkes »K 208« von 1957 hat 2013 einen öffentlichen Platz neben seinem Geburtsort bekommen. Drei mächtige Farbfelder bestimmen den Bildaufbau von Form und Farbe.

Der Schreinersohn studierte an der Technischen Hochschule Hannover, besuchte das Bauhaus in Weimar und gründete 1924 eine seiner ersten Gruppen, »K« für Konstruktivismus. Ab diesem Zeitpunkt tauchte er tief in die Avantgardebewegung ein, lernte im Laufe der Jahre Kurt Schwitters, Hans Arp, Oskar Schlemmer, Wassily Kandinsky, Fernand Léger und Max Beckmann kennen. 1925 nahm ihn die Gruppe »De Stijl« auf, zu der Theo van Doesburg und Piet Mondrian gehörten. Die vielen Kunstrichtungen mit verwandten Ansätzen wurden 1930 im »Manifest von Paris« erstmals unter dem Begriff »Konkrete Kunst« zusammengefasst. V-Gs Definition aber ist »absolute Kunst«.

Der Erfolg des mittlerweile international renommierten Vordemberges/-Gildewart fand ein jähes Ende während der NS-Diktatur – er wurde eingereiht in die »entarteten Künstler«. Verbannt nach Amsterdam, litt er, weil alles verloren war, was er sich vorher mühselig aufgebaut hatte. Erst 1954 verließ er die Exilheimat mit seiner jüdischen Ehefrau Ilse Leda, einer Tänzerin, mit der er seit Hannoveraner Zeit verheiratet war, und folgte einem Ruf an die Ulmer Hochschule für Gestaltung. Er hatte einen langen Atem. Inzwischen weltweit im Bestand diverser Museen, gehört V-G dennoch zu den wahrscheinlich meistunterschätzten konkret-konstruktivistischen Künstlern.

Adresse Große Gildewart 29/30, 49074 Osnabrück, VG-Initiative Siegfried Hoffmann, Tel. 0541/258654 | **ÖPNV** vom Neumarkt Bus 11,15, 586, M2, Haltestelle Heger Tor | **Tipp** Der interaktive Stadtrundgang »auf den spuren von v-g« mit 13 Stationen lohnt sich. Den Flyer zum Stadtrundgang mit integrierter Karte und den einzelnen Stationsorten gibt's in der Tourist-Information in der Bierstraße 22 und zum Runterladen.

58 Die Kirche Maria Königin des Friedens

Zwischen Himmel und rohem Stein

In Sutthausen steht die Kirche mit dem Namen »Maria Königin des Friedens« inmitten von Grün. Der Name impliziert, dass Maria uns mit Christus auch den Frieden bringt. Gemeint ist »Frieden« in all seinen Facetten – im Hebräischen verbindet man mit »Shalom« circa 25 Begriffe und zwar nicht nur Sicherheit oder Ruhe, sondern auch Gesundheit, Freude und den Weg zur Zufriedenheit. Eine der wichtigsten Übersetzungen ist »Fülle des Heiles«, was für das Wohlergehen des Einzelnen und der Gemeinschaft steht.

Das moderne Gotteshaus wurde geschaffen von dem Architekten, Literaten, Musiker und Winzer Albert F. Brenninkmeijer, der den prominenten Namen der C&A-Dynastie trägt, aus der er stammt, und der als Erster aus der Familientradition ausscherte. Ein originelles Bauwerk hat er erschaffen: unverputzter heimischer Sandstein mit Betonelementen, die in Rippen nebeneinander im lichtdurchfluteten Inneren monumental wie aus dem Boden gewachsen aufragen. Die 19 Meter langen Spanten goss man vor Ort und richtete sie mit einem großen Baukran auf. Die übliche Dachkonstruktion einsparend, ist alles wie bei der Fachwerkbauweise zusammengefügt.

Damals mussten die Sutthausener Katholiken seit Jahrzehnten für Trauungen und Beerdigungen den langen Weg nach Sankt Johann, eine der vier mittelalterlichen Kirchen in der Innenstadt, auf sich nehmen. Die sonntägliche Messe erlaubte der Gutsherr in seiner Schlosskapelle auf Gut Sutthausen, dem jetzigen Marienheim, stattfinden zu lassen. Nach dem Zweiten Weltkrieg wuchs die Zahl der Gläubigen durch den Zuzug von Ausgebombten aus der Innenstadt und Flüchtlingen auf 1.100 – der Bau einer neuen Kirche war unumgänglich. Es dauerte seine Zeit, die innovativen Pläne Brenninkmeijers im Generalvikariat zu genehmigen, sodass »Maria Frieden« erst 1957 eingeweiht werden konnte.

Adresse Zum Töfatt 17, 49082 Osnabrück | ÖPNV vom Neumarkt Bus M3, Haltestelle Sutthausen Mitte | Tipp Nicht mehr taufrisch, aber immer noch sehenswert: 1985 entstand im Zuge der Aktion »Kunst im öffentlichen Raum« die Fassadenmalerei »Verkehrsbild« von Dirk Kellermann in der Sutthauser Straße 176.

59 Das Klack 95

Einfach mal 'ne ruhige Kugel schieben

Auf der Suche nach eindeutigen Abschnitten des ältesten Stadtmauerbaus gruben Archäologen direkt an der Hellingsmauer. Aufgrund ihrer über 800 Jahre alten Geschichte hatte diese immer wieder Spekulationen über mögliche noch verborgene Indizien aufgeworfen. Sie verläuft parallel zur Hase im Bereich der bischöflichen Gartenanlagen zwischen Herrenteichs- und Mühlenstraße. In der ehemaligen Feuchtsenke blieben anorganische Objekte quasi konserviert. Geborgen wurde aber kein Indiz für den ältesten Mauerrest, sondern ein Fundkomplex, der ein kleines Stück Alltagsgeschichte des 13./14. Jahrhunderts darstellt: eine Heugabel, ein Holzteller und eine hölzerne, mit einem Kreuz gekennzeichnete Boulekugel. Es scheint, als hätten sich bereits um 1300 hier die Menschen mit dem Boulespiel die Zeit vertrieben.

Das französische Nationalspiel hielt ganz offiziell 1998 im Schlosspark Einzug. Auf einer neu eingeweihten Bahn des Boule- und Pétanque-Vereins »Klack 95« rollten das erste Mal unter schattenspendenden Bäumen die Kugeln. Der Grundstein für den ersten öffentlichen Bouleplatz war gelegt, ebenso wie für die erstmalig ausgetragenen Stadtmeisterschaften.

Die Wettkampfform des Boules, also Leistungssport, ist Pétanque. Dazu gehört die Königsdisziplin »Triplett«: 15 Teams zu je drei Spielern, das Trio hat sechs Kugeln. Jedes Team spielt sechs Spiele, ab der zweiten Runde Gewinner gegen Gewinner, danach doppelte Gewinner gegen doppelte Gewinner und so weiter. Das Team mit den meisten Siegen gewinnt.

Gegründet 1995, hatte sich der Verein nach dem charakteristischen Geräusch beim Aufeinanderprallen zweier Kugeln »Klack« genannt. Die 2004 erbaute Halle wurde 2010 erweitert. Noch heute fertigt einer der ältesten Hersteller, »La Boule Bleu« aus der Kugel-Metropole Marseille, die 730 bis 800 Gramm schweren Stahlkugeln, deren Herstellung seit rund 105 Jahren ein Geheimnis des Familienunternehmens bleibt.

Adresse Bröcker Weg 83, 49082 Osnabrück, Tel. 05471/955052 | **ÖPNV** vom Neumarkt Bus 464, 465, 467, 468, Haltestelle Kinderhospital/Jugendherberge (Fußweg 11 Minuten) | **Öffnungszeiten** Di, Do ab circa 18 Uhr, So ab 10 Uhr | **Tipp** Vom Schlosspark gelangt man schnell zu Schäffer mit Café im zweiten Stock und Kochschule (Kurse unter https://kochschule.schaeffer24.de).

60 Die Klause

Längst keine Zigarren und Herrengedecke mehr

Seit einer gefühlten Ewigkeit existiert schon die Bierpinte »Grüner Jäger«, faktisch seit 1859, gegründet vom Leinenhändler Thörner, einem passionierten Jäger. In der Fassade an den beiden westlichsten Fensterachsen erkennt man ein heute überformtes mittelalterliches Steinwerk, das früher der Wirtschaftshof des damals benachbarten Barfüßerklosters war.

In einem Separee trifft sich der älteste Stammtisch Deutschlands, dessen Ursprung in der Weinstube Gerhard Heinrich Langes am Markt liegt. Berühmte Mitglieder wie Johannes von Miquel, Bürgermeister, später preußischer Finanzminister in Berlin, verkehrten hier. Ältestes Mitglied war der 1819 verstorbene Pastor Krochmann, damals im »Club zum Pölking«, aus dem mit dem Umzug in den »Grünen Jäger« 1894 der Stammtisch »Die Klause« hervorging. Daher berufen sich die Klausner auf ihren Ursprung bereits vor 1819. Der Name ist übrigens eine Reminiszenz an das Barfüßerkloster. Die Reihe der Verblichenen ist lang. 110 Bildporträts blicken von den roten Wänden. Darunter eine einzige Frau, die fürsorgliche »Mutter Kahle«, deren Familie von 1892 bis 1965 in drei Generationen das Wirtshaus führte.

Freitags versammeln sich die Klausenbrüder am runden Tisch, den Altreichskanzler Bismarck als Dank für einen Glückwunsch spendierte. Per Lichtschalter erhellt sich die Szenerie in einer Puppenstube eines Modells von 1828. Die circa 20 Mitglieder, darunter Akademiker, aber auch Künstler wie Urgestein Johannes Eidt, kommen ohne Standesdünkel aus. Eidt, auch Liedermacher, hat hier bestimmt Inspiration zur Ballade »Die eierlegende Wollmilchsau« gefunden, die vom unterjochten Ehemann in einer Stammtischrunde handelt. Überhaupt wird viel und stimmgewaltig gesungen. Treue halten, Heiterkeit an den Tag legen und »gepflegten Blödsinn« zelebrieren, so halten es die Brüder. Den eine dicke Zigarre paffenden und Korn trinkenden Opa mit reaktionären Ansichten gibt's hier nicht.

Adresse An der Katharinenkirche 1, 49074 Osnabrück, www.grünerjäger-os.de | **ÖPNV** vom Neumarkt Bus 10/20, M1, M2, M5, vom Bahnhof Bus 10/20, M2, Haltestelle Kamp-Promenade | **Öffnungszeiten** Grüner Jäger: Mo–Do 11–2 Uhr, Fr, Sa 11–3 Uhr, So 14.30–2 Uhr | **Tipp** Nur fünf Minuten Gehweg entfernt findet man die rote, aus England stammende Telefonzelle gegenüber der Gaststätte »Posthalterei«. Sie ist ein Geschenk der Partnerstadt Derby (Hakenstraße 4a).

61 Das Kloster Nette

Glaube, Liebe, Hoffnung

Tief eingebettet zwischen Berg und Tal ruht das Kloster Nette an einer strahlenförmig auseinandergreifenden Kreuzung dreier Straßen. Benannt nach dem gleichnamigen Flüsschen, das sich, im Klosterpark zum Teich angestaut, weiter seinen Weg Richtung Haste bahnt. Stets ist das Tor geöffnet, denn Fremde sind gern gesehen. Die Glocken der neuen Mutterhauskapelle des Klosters läuten zum jeweiligen Tageszeitgebet den Angelus, in Erinnerung an Marias empfangene Botschaft des Engels.

Friedlich liegen die alte Kapelle und das ehemalige Gutshaus im Blickfeld des Besuchers. Graf Jobst von Kerssenbrock gründete das Gut, das im 16. Jahrhundert aus einem Bauernhof – »tor Nette« – hervorging, die Kapelle ist von 1853. Ein barockes Allianzwappen in deren Mauerwerk deutet auf die beiden Erbauer hin: Freiherr Clemens von Böselager und seine Frau Freiin Sophie Wolf-Metternich. Beide fanden in der Gruft ihre letzte Ruhestätte. Im Inneren leuchten Glasfenster und ein goldenes Mosaik, gestaltet vom Ehepaar Theo M. und Ruth Landmann. Im Altar sind die Reliquien der Bistumspatrone Crispin und Crispinian sowie der »Unbekannten heiligen Saluata« (lateinisch »gerettet«) aufbewahrt.

Traumhaft ist der von Klostermauern umgebene Park. An Blutbuche und Engelstrompeten vorbei lädt er ein zum Obst-, Gemüse- und Heilpflanzengarten und dem Klosterteich. Im Laufe der Jahrhunderte wechselte das Anwesen an die 15-mal den Besitzer, bis nach dem Krieg Bischof Wilhelm Berning 1946 aus Gut Nette das Kloster Nette schuf.

Die »Netter Schwestern« sind Missionsschwestern vom heiligen Namen Mariens, deren karitatives Wirken aus Kranken- und Altenpflege sowie Seelsorge besteht. 1951 begaben sich vier Schwestern auf die erste missionarische Reise nach Stockholm, 1956 auch nach Brasilien. Bis heute ist der Orden in den Ländern Schweden, Brasilien und Paraguay vertreten und das Kloster Sitz der Generalverwaltung.

Adresse Östringer Weg 120, 49090 Osnabrück, Tel. 0541/691100, www.kloster-nette.de | **ÖPNV** vom Neumarkt Bus M1, Haltestelle Haste, Östringer Weg, rund zehn Minuten Fußweg | **Tipp** Sehenswert ist der von Ruth Landmann gestaltete Kreuzweg von Haste nach Rulle. Auf 14 Stationen schmücken keramische Kunstwerke den Wallfahrtsweg. Erreichbar mit der Buslinien M1 und 533, Haltestelle Warnemünder Straße.

62 Die Konditorei Sophies

Ein Traum von süßen Verlockungen

Wer einen Ort kennen lernen möchte, an dem das Backen als hohe Kunst seit Generationen gepflegt wird, ist in der Krahnstraße genau richtig. Über 100 Jahre existierte hier die Konditorei mit dem Café Läer im ältesten, 1533 erbauten Bürgerhaus Osnabrücks. Ein Segensspruch auf der Fassade lautet »Müh' und Arbeit sind umsunst, so Du nicht hast auch Gottes Gunst«. Diese hat wohl auch mit dem Glück zu tun, weshalb der Ort so lange schon für allerbeste süße und salzige Verführungen auserwählt ist.

2019 sind Yvonne Kühne und Winfried Hanekamp von »Tante Sophies Backstube« aus Hagen in die traditionsreichen Fußstapfen des Konditormeisters Ulrich Läer getreten und stehen ihm in nichts nach. Auch für die neuen Pächter liegt der Fokus auf erstklassiger Qualität der Produkte. Es werden nur Rohstoffe sowie saisonales Obst und Gemüse aus der Region verwendet. Auf Backtriebmittel, Farbstoffe, künstliche Aromen und Konservierungsstoffe wird komplett verzichtet.

Viele Jahre schon sind die Beiden mit ihrem himmelblauen Oldtimer-Citroen-HY-Verkaufswagen auf Märkten in und um Osnabrück unterwegs. Diese charmante Erweiterung bleibt auch neben ihrem neuen festen Standort, der erst einmal ordentlich modernisiert wurde. Das Angebot der selbst gefertigten, ganz natürlichen Kaloriensünden hat sich verändert. Durch den Türspalt dringt schon der Duft von köstlicher Konditorkunst französischen Flairs nach draußen in die Altstadt. Und das Wasser läuft einem im Mund zusammen beim Anblick der Spezialitäten wie Macarons, Petits-Fours, Pfirsich-Passionsfrucht-Torten, Pflaume-Rotwein-Tartes, Zitronentartelettes, Erdbeerkuchen (mit dünner Schokoladenschicht und einem Joghurtmousse) und sogar einem Eis-Burger (ein geröstetes und mit Eis gefülltes Brioche).

Die bisherigen Inhaber wachen mit Wohlwollen über das Café und sind weiterhin sofort bereit zu helfen – kein Wunder, sie wohnen ja gleich im oberen Teil des Hauses.

Adresse Krahnstraße 4, 49074 Osnabrück | ÖPNV Bus 10, 15, 584, M 2, Haltestelle Nikolaizentrum | Tipp Die Bäckerei & Konditorei Bröcker, Rehmstraße 14, besteht schon seit 1904. Hier gibt es hervorragende Qualität zu moderaten Preisen: Von klassischen Leckereien zu regionalen Spezialitäten wie dem Springbrötchen bis hin zu Hochzeitstorten und den patentierten »Steckenpferdreiter-Pralinen«.

63 Der Kreuzbahnhof

Ingenieurskunst aus der Kaiserzeit

Nachts konnte man Schreie hören, dann Gelächter, Knirschen, ein hohes, rollendes Sausen, den Aufprall von Metall. Es musste nur der Wind richtig stehen. Manches Rufen verstand man: »Die linke Weiche, Menschenskind, die linke!« Dann war klar: Auf dem ältesten und größten Kreuzbahnhof Deutschlands, zugleich dem einzigen Niedersachsens, herrschte im Güterbahnbereich wieder nächtlicher Hochbetrieb. Mächtige Waggons wurden lautstark unter Lautsprechereinsatz umrangiert.

Der Osnabrücker Hauptbahnhof ist auch heute noch ein großes Drehkreuz für Güter- und Personenverkehr. Pro Tag nutzen ihn 16.000 Fahrgäste. Bis 1895 wurde die Strecke Rheine–Hannover über den Hannoverschen Bahnhof am Ende der heutigen Wittekindstraße, die Verbindung Bremen – Köln via Bremer Bahnhof an der Buerschen Straße abgewickelt. Alles umständlich und zeitraubend. So erfolgte 40 Jahre nach dem ersten Gleisanschluss Osnabrücks der Bau des neuen Kreuzbahnhofs im Historismusstil der Kaiserzeit. Ein Höhenunterschied von 5,5 Metern trennt seitdem die übereinanderliegenden Gleise, die sich so kreuzen, ohne aufeinanderzutreffen. Besucher nehmen das durch die große Treppe in der Eingangshalle wahr. Über sie geht es auf die Obergleise der Strecke Rheinland–Hamburg.

Den Krieg überstand der Bahnhof trotz massiven Bombardements. Noch heute prägt die Eingangshalle der verblichene Charme der 60er Jahre. Immerhin: 2001 wurde die Sanierung des Bahnhofsvorplatzes abgeschlossen. Eine neue Post, Geschäfte und Parkhäuser runden ihn nun ab.

Viel Prominenz beehrte den Kreuzbahnhof: Der deutsche Kaiser kam zur Einweihung, Kanzler Adenauer fuhr im Sonderzug durch, der Nobelpreisträger Heinrich Böll verewigte ihn in »Ansichten eines Clowns«, Remarque fuhr von ihm aus in den Ersten Weltkrieg. Sausten gar die Beatles auf ihrer Bravo-Blitztournee 1966 über seine Gleise? Wer weiß …

Adresse Theodor-Heuss-Platz 2, 49074 Osnabrück | **ÖPNV** vom Neumarkt Bus 10/20, 12, Haltestelle Hauptbahnhof | **Tipp** Der »Zauber von OS« entfaltet sich in einem Wohnzimmer, ist Bar, Kneipe, Restaurant und Musikclub und bietet die besten veganen und glutenfreien Burger der Stadt an (Dammstraße 2).

64 Das Kreuz mit Rakete

Zwei Flugpioniere, die hoch hinauswollten

1893 kamen im selben Jahr zwei erfolgreiche Persönlichkeiten zur Welt, deren Leben eng mit dem Osnabrücker Flugwesen verknüpft ist: Reinhold Tiling und Gustav Tweer.

Ingenieur Tiling, erfahrener Schlachtenflieger des Ersten Weltkriegs, begeisterte auf der Netter Heide nicht nur mit tollkühnen Kunstflügen, sondern auch mit moderner Raketentechnik. Anfangs tüftelte er an Silvesterraketen herum und pflegte zu sagen: »Letzte Finesse kann man doch nicht von außen erkennen.« Sein Anliegen bestand darin, Gebiete wie etwa die Nordseeinseln, seinerzeit schwer erreichbar, mit Raketen anzusteuern und mit Medikamenten, aber auch mit Post zu versorgen. Im Frühjahr 1931 war es so weit. Unter fünf Raketenabschüssen beim Dümmer flitzte auch ein Postfluggeschoss in die Luft und ging als erstes Postfluggeschoss in die Geschichte ein. Danach wurden Tilings Grundpatente in 21 Ländern anerkannt. Der Förderer Gisbert von Ledebur ermunterte ihn, Gut Arenshorst bei Bohmte für weitere Experimente zu nutzen. Dort folgten immer waghalsigere Versuche, bis im Oktober 1933 beim Pressen einer Rakete das Labor explodierte – Tiling und zwei weitere Mitarbeiter erlagen ihren Verbrennungen. Auf dem Hasefriedhof ist er unter einem gusseisernen Kreuz mit der Darstellung einer Rakete – weltweit einmalig – bestattet. An der Unglücksstelle steht seit 1963 ein Gedenkstein. 1970 erkannte man ihn international als »Wegbereiter der Raumfahrt« an und benannte einen Mondkrater nach ihm.

Gustav Tweer ist ein weiterer Protagonist der Fluggeschichte. Eine Gedenktafel an seinem Haus in der Johannisstraße 35 betitelt ihn als »Ersten deutschen Kopf(Schleifen)- und Sturzflieger…«. Nur mit Ehrgeiz, Mut und Hartnäckigkeit gelang ihm die Gründung einer Flugzeughalle auf dem Gelände der Netter Heide. Tweer flog ab 1912 Schauflüge, bei denen unzähligen Zuschauern der Atem stockte. 23-jährig verunglückte er tödlich bei der Erprobung eines neuen Flugzeugs.

Adresse Hasefriedhof, Bramscher Straße, 49088 Osnabrück (mit Tafel zum Standort) | **ÖPNV** vom Neumarkt Bus 18, M1, Haltestelle Hasefriedhof | **Tipp** Auf dem Johannisfriedhof, Gottlieb-Planck-Straße 1, steht Gustav Tweers figürliches, stattliches Grabmal.

65 Der Kühnehof

Vorbei die kühnen Jahre – Essigfass und Klinker bleiben

Woher kam eigentlich der Essiggeruch im Osten der Stadt? – Der Duft strömte aus mächtigen Eichenfässern, in denen die Umwandlung von Weingeist in milde Säure stattfand. Mit Essig, Senf und sauren Gurken begann die Firma Carl Kühne 1722 von Berlin aus europaweit heranzuwachsen. Ab 1945 in Hamburg ansässig, stand auch ein Betrieb des Unternehmens 70 Jahre lang in Osnabrück. 2004 wurde die Produktion dort eingestellt. Kühne hatte eine weitere, bis heute bestehende Essigfabrik in Hamm erworben.

Neun Jahre lag das Betriebsgelände brach. Zwischennutzerin war die Natur, bis es den verfallenen Backsteingebäuden von Kühne 2013 an den Kragen ging. Danach klaffte weitere drei Jahre eine 5,5 Hektar große Öde, bis das lang angekündigte Wohnprojekt »Kühnehof« erste Früchte trug. Als Auftraggeber fungiert die OS-Concept GmbH für den Bauherrn Futura Invest GmbH aus Hunteburg. Das Wohnkarree entsteht in hanseatischer Klinkerarchitektur, angeknüpft an die alte Fabriksubstanz. In einem Gartenhof mit Café wird ein riesiges Fass, der »Essigbildner«, als Erinnerung an die damalige Nutzung und als Denkmal aufgestellt. Daran anschließend ist ein zweiter Bauabschnitt namens »Klausegärten« geplant, der den angrenzenden grünen Charakter der Schrebergartenidylle erhält.

Die mit Buchenholzspänen gefüllten Fässer bargen einst eine Lösung aus Wasser und Alkohol, die durch Oxidation unter Mithilfe fleißiger Bakterienkulturen zu Branntweinessig umgewandelt wurde – in Glanzzeiten mal 10.000.000 Liter pro Jahr.

Der Name »Klausegärten« greift den Namen des dahinterliegenden Klushügels auf, an dem Senator Wagner Anfang des 18. Jahrhunderts 2.000 Obstbäume pflanzte. Angespornt von dem Gedanken, möglichst viele Menschen mit gesundem Obst zu ernähren, durfte jeder diese Bäume kostenlos abernten. Für die gute Tat widmete man dem Gründer des Bürgerparks auf dem Sportplatzgelände des Klushügels einen Obelisken.

Adresse Bohmter Straße 12, 49074 Osnabrück | ÖPNV vom Neumarkt Bus M4, X275, X276, Haltestelle Bohmter Straße | Tipp Der Performance- und Metallkünstler Jonathan alias Norbert Henze hat seine Galerie und seinen weiträumigen Garten am Eingang in der »kleinen Bohmter Straße« 20, www.manu-propria.de.

66 Der Kümpersturm

Kopfüber in die Vergangenheit

Hässlich ist die Knusperhexe, sagenhaft schön die Loreley, abgründig böse sind beide Märchengestalten. Sie haben nichts gemein mit den real als Hexen in Osnabrück gequälten und hingerichteten 276 Frauen und zwei Männern.

Blödsinnig ist die noch weitverbreitete Überzeugung, im Mittelalter seien Rothaarige, Kräuterfrauen oder Hebammen diffamiert worden – meist verurteilte man Angesehene der Gesellschaft. Verantwortlich für die Hexenprozesse war auch nicht mehr die katholische Kirche, sondern in den schon lange nicht mehr mittelalterlichen 1580er Jahren Bürgermeister Rudolf Hammacher und in den 1630er Jahren Wilhelm Peltzer – beide Lutheraner.

Es ging wiederholt um die Suche nach Sündenböcken für missliche Lebenslagen wie Epidemien, Ernteeinbußen oder harte Winter. Man wollte Unheil und Verdammnis von sich selbst abwenden oder das Zutrauen des Volkes gewinnen, um seine Position zu behalten. Aber auch konfessionelle und politische Absichten spielten eine Rolle.

Bei einer Hexenprobe wurden Beschuldigte über Kreuz an Händen und Füßen gefesselt in die Hase geworfen. Trieben sie oben, galten sie als Hexen. Sanken sie zu Boden, waren sie unschuldig, ertranken aber, weil Hilfe meist zu spät kam.

Einer der Hauptorte dieser gewalttätigen Prozeduren war beim Kümpersturm, östlich vom L+T-Kaufhaus, den man 1990 während des Baus der Tiefgarage entdeckte (Foto rechts: Axel Gundrums Wandgemälde zur Gedenkstätte »Hexenwahn« in der Mühlenstraße). Dabei konnte die Unterkonstruktion des runden Turmes erfasst werden. Die dendrochronologische Untersuchung einiger Holzpfähle des Unterbaus ergab das Jahr 1200/1201. Dies ist die einzige bisher vorliegende präzise Datierung des ältesten Teils der Stadtmauer! Der auch Hexenturm genannte Kümpersturm wird erstmals 1524 als Gefängnis- und Schuldturm erwähnt. Seit 2018 macht der Platz am neuen L+T-Sporthaus mit Tafeln zum Thema neugierig.

Adresse Herrenteichstraße, 49074 Osnabrück | **ÖPNV** vom Bahnhof Bus 14, 15, vom Neumarkt Bus 18, 19, M3, M4, Haltestelle Berliner Platz | **Tipp** Der einzige erhaltene Abschnitt aus der Anfangszeit des Stadtmauerbaues ist die quasi benachbarte Hellingsmauer mit Turm, der im Pfarrgarten des Doms steht und künftig begehbar sein wird.

67_Das Künstler-Versteck

Zwischen Grafiken, Genie und Grill

Die Nobbenburger Straße ist eine öde Straße im Randbereich nördlich der Innenstadt, benannt nach der spätmittelalterlichen Nobbenburg am Hasetorwall. 1909 betitelte man die Fläche als den »schwarzen Platz«, der dem Infanterieregiment Nummer 78 zum Eindrillen von Militärformationen diente. Genau an dieser Stelle eröffnete 1966 das Niedersachsenbad. Es besaß eine der schönsten deutschen 25-Meter-Hallen. Die Schließung kam 2005, danach folgte der Abriss.

Ein hoher Schlot auf dem rund 5.000 Quadratmeter großen Hinterhof in der Nobbenburger Straße 13 gehört zur 1868 gegründeten ehemaligen »Kunst-Tischlerei Schütze«. In Kriegsjahren wurde mit ihm kräftig geheizt. Der renommierte Osnabrücker Künstler Friedrich Vordemberge-Gildewart ging hier übrigens einige Jahre ein und aus. Von 1916 bis 1918 absolvierte er eine Tischlerlehre bei Julius Schütze. Eines seiner monochromen Werke ist in der Altstadt zu sehen (Kapitel 57 »Das K 208«).

Was im ersten Moment unspektakulär aussieht, entpuppt sich auf den zweiten Blick als Genius Loci immensen kreativen Potenzials. Seit über 20 Jahren ist dieser Hinterhof eine Insel für Künstler, deren Stammutensilien nicht unbedingt aus weißem Papier, Öl- oder Aquarellfarben bestehen – wenn sich die Möglichkeit ergibt, kann man spannenden Kunstprozessen beiwohnen. Seit 2023 allerdings muss hier saniert werden und vorerst übrig geblieben ist nur, kurz vor der Halle rechts, die druckgrafische Werkstatt von Arsentij Pawlow. Er kombiniert Malerei und Lithografie, dadurch kommen freskohaft anmutende schwarz-weiß oder farbige Lithografien zustande. Eine Technik, die sehr zeitintensiv ist.

Zu guter Letzt ist da noch das »Gartenmöbel Loft«, ein weiterer Geheimtipp. Von modularen Lounges aus recyceltem Teakholz über Grills bis hin zu Strandkörben wird auf 980 Quadratmetern Fläche alles geboten, was das Herz zum Genießen im Freien erfreut.

Adresse Nobbenburger Straße 13 (Hinterhof), 49076 Osnabrück | **ÖPNV** vom Neumarkt Bus 18, Haltestelle Rißmüllerplatz | **Tipp** Ganz in der Nähe liegt der Botanische Garten der Universität (seit 1984). Die Freifläche ist ein ehemaliger Steinbruch aus dessen Kalkstein das Heger Tor entstand, Albrechtstraße 29, www.bogos.uni-osnabrueck.de.

68 Die Lohmühle

Sie haben es in neuem Kleid überlebt

Damals schien Osnabrück von außen gesehen aus seiner grünen Umgebung herausgewachsen zu sein. Berückend schön gediehen auf den Wallkronen in üppiger Fülle Schlehen, Weißdorn, Holunder und Flieder. Westerberg oder Gertrudenberg ließen den Blick frei auf die herrliche Umgebung. Ein Aquarell Heinrich Neelmeyers von 1817 zeigt noch die Stadt im Schutze ihrer Fortifikation, beherrscht von den Türmen des Doms, Sankt Marien und Sankt Katharinens. Deutlich erkennt man die beiden außerhalb der Wälle liegenden Windmühlen auf dem 102 Meter hohen Westerberg. Dieser Bereich war ursprünglich landwirtschaftlich und bis ins 19. Jahrhundert von Gärten geprägt.

Zwei Windmühlen arbeiteten nebeneinander: dic Lohmühle des Gerberamtes und die Graupenmühle von 1814. Letztere wurde von Carl Friedrich Mues 1836 gekauft und in den von ihm aufgebauten Bauernhof integriert. Sein Nachfolger Carl Mues verlegte den Hof in der Bergstraße 36 Ende des 19. Jahrhunderts an die Caprivistraße – heute der Hofladen Gut Muesenburg.

Die Lohmühle hingegen ist auf historischen Fotos noch bis 1895 aktiv, auf einem Bild von 1900 hat sie dann ihre Windmühlenflügel verloren. Denn nach der Aufhebung des Festungsgebots von 1843 verschwanden Gartenland und Steinbruch auf dem Westerberg. Mit neuen Wohngebieten und dem ersten Stadtkrankenhaus hielt die Zivilisation Einzug. Um 1900 zählte Osnabrück schon rund 50.000 Einwohner, um 1850 waren es nur 14.000 gewesen. 1877 wurden die letzten Wälle abgebrochen.

Ein Stumpf der Lohmühle ist noch erhalten, 1922 wurde sie umgebaut und ebenso wie die benachbarte ehemalige Graupenmühle in ein Wohnhaus einbezogen. Diese Überbleibsel waren einmal die ersten Kraftwerke Osnabrücks, gehörten dem Bischof und sorgten für Arbeit und Brot. Sie brachten die Wirtschaft voran, produzierten ihre Energie noch auf ökologisch unbedenkliche Weise und waren ein Segen für die Stadtentwicklung.

Adresse Lohmühle, Bergstraße 49, 49076 Osnabrück | **ÖPNV** vom Neumarkt Bus 18, Haltestelle Rißmüllerplatz | **Tipp** In der Caprivistraße 81 steht noch der einzige Bauernhof der Innenstadt mit etwa 60 Bullen und dem Hofladen Gut Muesenburg, in dem man ökologische Produkte und selbstgemachte Marmelade kaufen kann.

69 Der Luftschutzbunker

Von der Bildfläche verschwunden

79 Luftangriffe hatte Osnabrück bis Kriegsende zu verkraften, zwei Drittel der Stadt wurden zerstört. Der 35. Luftangriff alliierter Piloten am 13. September 1944 sollte der grauenvollste werden: Gegen 18.26 Uhr entleerten sich an die 300 Bombenschächte der britischen Flieger Halifax und Lancaster. In nur 14 Minuten fielen 1.263 Bomben. Doch das entsetzliche Finale, der 79. Angriff und Todesstoß, kam am Palmsonntag, dem 25. März 1945. Danach war Osnabrück nur noch ein rauchender Trümmerhaufen.

Während sich die Piloten zunächst auf strategische Ziele wie Bahnhof, Wasserwege und Fabriken beschränkten, litt ab 1942 zunehmend die Zivilbevölkerung. Deshalb bauten Oberbürgermeister Erich Gaertner und Polizeikommandeur Alfred Jung Anfang 1943 vermehrt Tief- und Hochbunker sowie Deckungsgräben oder trieben Schutzstollen in die felsigen Hügel. Alles mit Hilfe von Tausenden von Zwangsarbeitern. In den 5,7 Kilometer langen Längs- und Querstollen konnten pro Meter vier Personen Zuflucht suchen. Durch die hohe Bunkerdichte nahm die Stadt trotz massiver Zerstörung in der Bilanz der Bombenopfer einen vergleichsweise niedrigen Rang ein.

Sämtliche Relikte erforschen die Spezialisten Hauke Haubrock und Andreas O'Brien. Über den Luftschutzstollen des ehemaligen Flakgeländes von 1943 am Kalkhügel ist sogar ein Buch entstanden. Die Anlage war auf 600 Meter geplant mit regulär 2.400 Plätzen und hatte zwei Eingänge, ein weiterer war im Bau. Es gab Toiletten und ein provisorisches Arzt- beziehungsweise Operationszimmer. Bis Kriegsende wurde der Stollen nicht vollendet – auf circa 350 Metern zählte man angeblich einmal 2.300 Schutzsuchende. Kritzeleien an den Wänden lassen die vielen schrecklichen Stunden der Menschen lebendig werden, die hier einige Bombentreffer 1944 aushalten mussten. Die Folgen sind noch im Mauerwerk zu sehen. Der Stollen wurde aber nie durchschlagen.

Adresse Feldstraße, 49080 Osnabrück, www.untergrundosnabrueck.de | **ÖPNV** vom Neumarkt Bus M3, Haltestelle Brinkhofweg | **Öffnungszeiten** Mit etwas Glück sind die Forscher vor Ort und gewähren einen Einblick. | **Tipp** Von Juni bis September hat die herrliche Strandbar »Hasebeach«, direkt am Moskaubad, von Dienstag bis Sonntag geöffnet. Eingang ist gegenüber der Koksche Str. 99, www.hasebeach-os.de.

70_Der Luhrmannhof

Von Mauerblümchen und anderen »Uni«katen

Im Luhrmannhof krähen Hähne, sitzen Katzen auf Tischen und gähnen Studenten barfuß an lauschigen Plätzen unter Bäumen. Diese alte Hofanlage des 1697 erbauten Bauernhofes umfasst mehr als einen Hektar Land und ist von einer vollständig erhaltenen Bruchsteinmauer umgeben. Bis 1975 lebte die Bauernfamilie Luhrmann hier, 1985 zogen die ersten Studenten in 48 Wohnkomplexe ein, verteilt auf vier alte Fachwerk- und Backsteingebäude.

In Osnabrück hat man die Wahl zwischen vielfältigen studentischen Wohnformen: Gutshäuser, Bauernhöfe, Wasserwerke, Gartenhäuser oder Fabriken. Der Mangel an Wohnraum machte das Studentenwerk in den 80er Jahren erfinderisch. Wo anderweitig praktikable Heimklötze hingesetzt wurden, kaufte das Werk eine alte Gasuhrenfabrik an der Jahnstraße und baute sie zu einem Studentendorf für 300 Studenten um – 1983 übrigens Landes- und Bundessieger des Wettbewerbs »Bauen und Wohnen in alter Umgebung«.

Ein weiterer historischer Fachwerkbauernhof steht in Haste, direkt am Waldrand, nur 15 Fahrradminuten von der Uni entfernt. Reizvoll ist nicht nur die Nähe zur Natur, sondern auch der einmalige Blick über die ganze Stadt. Das Zauberwort heißt »Wohngruppe«. Osnabrück zählte zu den ersten Anbietern dieser Wohnform.

Oder ganz anders: drei Stockwerke mit je sieben Quadratmetern. Das kleinste Wohnheim Deutschlands ist ein Fachwerktürmchen in der mittelalterlichen Stadtmauer. Einst diente es als Wehrturm. Wer drin ist, bleibt bis zum Master – eine Warteliste gibt es nicht. Ebenfalls eine Minibude in historischen Mauern ist ein Gartenhaus aus der Zeit um 1800, direkt am Westhang des Bürgerparks. Heute studieren um die 13.450 Studenten in der Stadt, etwa 26 Wohnanlagen existieren in Osnabrück, Lingen und Vechta.

Auch wer keinen Platz auf dem Bauernhof oder in einer der Fabriken bekommt – gammlige oder stereotype Wohnblöcke sind in Osnabrück out.

Adresse Luhrmannhof, Gartlager Weg 37, 49074 Osnabrück, www.studentenwerk-osnabrueck.de | ÖPNV vom Neumarkt Bus M4, Haltestelle Gartlager Weg, elf Minuten Fußweg | Tipp Ganz in der Nähe befinden sich ein See, den man umrunden kann, und das Haus Gartlage, ein ehemaliges Herrenhaus. Ende des 16. Jahrhunderts wurde es von verschiedenen Gutsherren und von Jesuiten genutzt, heute werden dort Wohnungen vermietet (Gartlager Weg 54).

71 Die Lyra-Platte

Vorbild wider Willen

Wenn der Frühling naht, die zartesten Grüntöne des Jahres sprießen und alles in der Natur zu explodieren scheint, ziehen in Osnabrück musikfreudige Bürger traditionell durch die Stadt. Ziel ist eine Bronzeplatte, die im südlichen Schlosspark einen Findling ziert und an der am 30. April alljährlich der Mai eingesungen wird. Das Denkmal ist zu Ehren Justus Wilhelm Lyras (1822–1882) gestiftet worden, der 1842 das Gedicht »Der Mai ist gekommen« von Emanuel Geibel zum berühmtesten Volkslied Deutschlands vertonte. Dass die Leute allerdings auch an einer schlichten Steinplatte an seinem Geburtshaus in der Hasestraße 55 vorbeilatschen, welcher nicht eine Minute gehuldigt wird, ist tragisch.

Ebenso wenige wissen, dass Lyra später die in froher Studentenzeit vertonten Verse Geibels am liebsten aus seiner Erinnerung verbannt hätte. In einem Brief von 1866 schreibt er: »[…] wegen des Ursprungs der Melodie, kann ich mich auf mein Gedächtnis nicht verlassen […]« Durch die Verbindung mit seinem Schwager Gustav A. Köttgen sympathisierte er mit den Sozialdemokraten – deren Gedankengut als »staatsgefährdende Gesinnung« eingestuft wurde.

Während seines Studiums kam zur schöpferischen Persönlichkeit Lyras eine zutiefst schwermütige und zweifelnde Seite hinzu. Der große, hagere Mann wechselte vom Philologiestudium zur Theologie, war Erzieher am »Rauhen Haus« in Hamburg und wollte Missionar werden. Sein Seelenkampf und körperliche Leiden ließen ihn erst mit 40 Jahren sein Examen in Theologie ablegen – danach musste er sich in einer Heilanstalt auskurieren. Später entwickelte er in wissenschaftlichen Abhandlungen eine teils düstere Weltanschauung.

In Bevensen, wo er ab 1869 seine am längsten währende Anstellung als Pfarrer innehatte, heiratete er Isabel Lührs und verfasste ein bedeutendes musikalisches Werk, die »Weihnachts-Kantate« nach Texten von Matthias Claudius. An Lyras letztes Amt als Pastor Primarius erinnert eine monumentale Steinbank in Gehrden bei Hannover.

Adresse Hasestraße 55, 49074 Osnabrück | ÖPNV vom Neumarkt Bus M1, M5, Haltestelle Vitihof | Tipp Gegenüber dem Rathaus, am Markt 9, damals Hotel »Römischer Kaiser«, hängt eine Steintafel, die an den Aufenthalt des großen Mathematikers Georg Christoph Lichtenberg 1772 erinnert. Danach unbedingt im Café am Markt einkehren.

72__Das Marienheim

Kloster mit Zoo: Franziskus kam bis Sutthausen

Franziskus von Assisi war eine große Seele. Während mittelalterliche deutsche Kaiser mit Päpsten um die Herrschaft im Abendland kämpften und die Kirche um Länder und Reichtum stritt, wandte er sich von alldem ab. In Demut den Armen zu helfen, wurde sein Leben. Zwar dauerte es ein wenig – genauer gesagt 700 Jahre –, aber 1935 erreichte sein Orden auch Sutthausen. Das Osnabrücker Bistum übertrug das Gut Sutthausen den Thuiner Franziskanerinnen, die nach dem Heiligen Märtyrer Georg zu Thuine benannt sind.

Über die Riesenallee, eine idyllische Landstraße, gelangt man zu diesem verborgenen Kleinod im ehemaligen Rittersitz derer von Sutthausen mit seinem weitläufigen Park am kleinen Fluss Düte. Im 17. Jahrhundert wurde er von Dietrich Korff erworben. An das ursprüngliche, längst abgetragene Sutthauser Wasserschloss, im Volksmund »Schöne Scheune« genannt, erinnern noch einige Ornamente an den Pfeilern der Brücke. Die Perle des Gutes bildet die 1893/94 erbaute neugotische Schlosskapelle mit ihrem farbigen Schnitzaltar, wohl um das Jahr 1520 vom »Meister von Osnabrück« gestaltet, dessen wirklichen Namen bis heute niemand kennt. Die Kapelle liegt dicht neben der alten Mühle aus dem Jahr 1589 und dem »neuen« Korff'schen Schloss. Im Spätsommer taucht die Sonne das Herrenhaus, den Schlossgraben und seine Wasserrosen in ein von Gold- und Silberfäden durchwirktes Licht.

»Auf dem Gut in der Berufsbildenden Schule im Marienheim erhalten 400 Schülerinnen eine Ausbildung in Sozialpädagogik oder Hauswirtschaft«, erzählt die Oberin des Ordens. Denn im Schloss leben und arbeiten immer noch Franziskanerinnen. Die Schwestern führen dabei die Liebe Franz von Assisis zu den Tieren weiter. Ein Gehege mit Gänsen, Hühnern und Karnickeln sowie angelockte Eichhörnchen bereichern den Park. Auf die Frage, ob sie auch ab und zu den Tieren predige wie in der berühmten »Vogelpredikt-Legende« Assisis, strahlt die Ordensdame: Andauernd!«

Adresse Gut Sutthausen 1, 49082 Osnabrück, www.bbs-marienheim.de/kontakt.html | ÖPNV vom Neumarkt Bus M3, Haltestelle Bahnhof Sutthausen | Öffnungszeiten tagsüber durchgängig zu betreten | Tipp An der Sutthauser Straße 394 steht noch der Wulfter Turm. Er wurde im 14. Jahrhundert im Zuge der Entstehung der Osnabrücker Landwehr zur Sicherung der Ausfahrtsstraße erbaut. Bis 1914 kassierte Louise Meyer, genannt »Törners Wiesken«, hier Wegegeld.

73 Die Megalithkultur-Straße

85 Urzeitgiganten an magischen Orten

Mit ordentlichen Bestattungen kennt man sich in Osnabrück seit Jahrtausenden bestens aus. Das beweisen etliche Großsteingräber in verschiedenen Stadtbezirken. Sie überdauerten mehr als 5.500 Jahre und sind älter als die Pyramiden von Gizeh. Diese Steinzeugen tragen zum besseren Verständnis der Lebenswelten neolithischer Gesellschaften in Nordwestdeutschland bei.

Osnabrück ist Startpunkt der »Straße der Megalithkultur«. Sie ist eine 2009 initiierte archäologische Erlebnisreise entlang einer 330 Kilometer langen Route zu 33 Stationen zwischen Osnabrück und Oldenburg. Sieben auf einen Streich wählte die Straße der Megalithkultur innerhalb der Stadt aus: angefangen bei den »Teufelssteinen« über die »Oestringer Steine« bis hin zu den »Karlsteinen«.

Die prähistorischen Teufels-Riesen, mit denen man beginnt, stehen neben einem Umspannwerk im Gewerbegebiet südlich vom Heideweg in Lüstringen. Stimmungsvoll kreisen hohe dunkle Kiefern das Hünengrab ein. An der zwölf Meter langen Grabkammer sind 32 Findlinge vorhanden, von denen nur noch einer »in situ« liegt, sowie der Rest des Umgrenzungsringes. Station fünf zeigt die Helmichsteine und ein Steinpflaster eines Grabes. Direkt am Östringer Weg beim Nettetal an Station sechs liegen zwei ehemalige Großsteingräber mit ursprünglich 15 Meter langen Grabkammern. Die Die Gneis- und Granitsteine sind idyllisch von Weißdorn und üppigen Wildapfelbäumen überwachsen.

Die Legende sagt, der Teufel habe die Steine in den Boden gerammt. Archäologen hingegen belegen, dass sie während der Saale-Eiszeit vor 200.000 Jahren, als die Gletscher abschmolzen, von Skandinavien in diese Region rollten. Erst in der Jungsteinzeit wurden sie zu Grabanlagen aufgerichtet. Bis heute ist umstritten, ob diese wirklich Ausdruck eines Totenkults sind. Klar ist: Das Aufstellen der tonnenschweren Steinbrocken war eine enorme Gemeinschaftsleistung unter Ausnutzung simpler Gesetze der Physik.

Adresse hinter dem Umspannwerk an der Teufelsheide führt ein schmaler Weg zu den Teufelssteinen, 49086 Osnabrück, www.strassedermegalithkultur.de | **ÖPNV** vom Neumarkt Bus 18, 19, Haltestelle Südstraße | **Tipp** Eine der nicht erwähnten Megalith-Anlagen in der Broschüre der Megalithkultur-Straße sind die »Sundermann-Steine«. Ein 24 Meter langes Hünengrab in der Nähe der ersten Station. Es befindet sich direkt an der Belmer Straße, die von Lüstringen beziehungsweise Gretesch nach Belm führt.

74_Der mobile Kiosk »Kunst S:nack«

Ein volksnaher One-Woman-Betrieb

Eine Frau aus Osnabrück fährt mit einem mobilen Kiosk durch die Lande. Ihr Warenangebot ist speziell: Sie verkauft Kunst. Ihre eigene Kunst. Von der Postkarte übers Multiple hin zum Unikat. Preisgünstig obendrein. Sie vermietet das Gefährt auch für illustre Feste.

Die Volksnähe ist das A und O dieser Arbeit. Denn Kunst S:nack bringt Kunst in den Alltag. Ob mobil im Dreiradwagen, in einem selbst entworfenen Kiosk aus Holz oder als Bauchladen-Kunst – S:nack verortet sich abseits etablierter Kulturorte an den typischen Verweilzonen des Alltags. Die Interaktion mit dem Publikum, Kommunikation und Teilhabe spielen in diesem Projekt eine große Rolle. Kunst wird immer mit einem »S(ch)nack« vermittelt und/oder verkauft.

Daniel Neugebauers Einführung in dem Katalog »Kunst S:nack – der mobile Kunstkiosk« bringt es auf den Punkt: »Beklagt wird ja stets, dass Kunst auf einem hohen Ross säße, dass es Hemmschwellen gäbe, dass Kunst zu wenig mit den Menschen zu tun habe. Das ist bei Marion Tischlers Kunstkiosk nicht der Fall. Sie wollen nicht in eine Galerie gehen? Dann kommt die Galerie eben zu Ihnen! Sie haben nicht genug Geld für ein Hauptwerk? Nehmen Sie doch ein preisgünstiges Multiple!«

Eine kleine Täuschung ist allerdings inbegriffen, denn hier wird nicht eine einzige Currywurst verkauft, sondern Kunst in kleinen Portionen. Die kreative Keimzelle von Kunst S:nack befindet sich in einem Hinterhaus in der Rheiner Landstraße 16. Hier setzt die Künstlerin ihre ungewöhnlichen Kunstaktionen um, hier entwirft und malt sie, bügelt ihre pinkfarbene Kittelschürze und plant ihre Einsätze.

Kunst S:nacks gut sortierte Abteilungen wie »Kleinkariert 2« und »Durch Kitsch zur Heilung« umfassen Klein- und Geschenkartikel der bildenden Kunst. Sie finden dort alles, was den Alltag so viel schöner macht.

Adresse Rheiner Landstraße 16, 49078 Osnabrück, www.kunstsnack.de | **ÖPNV** vom Bahnhof Bus 10/20, 15, Haltestelle Saarplatz | **Tipp** Ein Grenzstein der Heger Laischaft in der Mauer an der Lotterstraße, gegenüber von Nummer 93, zeigt eine stilisierte Hand. Damals verpasste man hier dem zukünftigen Erben der Heger Laischaft eine Backpfeife, damit er sich ja den Grenzverlauf gut einpräge.

75 Die Modelleisenbahn

Loks auf einem ehemaligen Klosterdachboden

Es gab Zeiten, da fürchtete die Hausfrau nichts mehr als eine wartende Lok unter Dampf. Trocknete ihre Wäsche im Garten nebenan, war alles umsonst gewesen. Staub und Asche legten sich auf die aufgehängten Laken. Die Kinder hingegen waren vom Rauch und dem Fauchen des schwarzen Gleisungetüms fasziniert. Wer kann so was jemals vergessen? Die Eisenbahnfreunde Osnabrücker e. V. jedenfalls nicht. Ihre Erfolgsgeschichte begann 1984: Feuerwehrmann Ernst Müller und Polizist Eckhard Hindahl, die einander von Diensteinsätzen kannten, bemerkten, dass sie eine Leidenschaft teilten: Modelleisenbahnen. Wie alle großen Dinge, Rockbands und Computerkonzerne nahm auch dieses Unterfangen in einer Garage seinen Anfang. Aber Freundeskreis und Anlage wuchsen derart, dass große Räume nötig wurden; die Schulaula in Bissendorf und das Autohaus Starke halfen übergangsweise. Aber wohin auf Dauer?

Die Lösung fädelte der heilige Franziskus ein – mit seinem Kloster in der Bramscher Straße. Ernst Müller kannte das Haus und den selten genutzten Speisesaal. Aber ging das? Klosterleben und Modelleisenbahn? »Das passt!«, beantwortete der Orden Müllers Anfrage, und so kam es 1994 zur ersten Ausstellung im Kloster, ein voller Erfolg. Dort fand sie seitdem immer 14 Tage vor dem 1. Advent statt. Das Osnabrücker Bistum räumte jedoch 2015 dem Verein mit seiner Anlage hier auch einen dauerhaften Sitz und die Dachraumnutzung ein. Die Vereinsausstellungen bleiben Erfolge. Der NDR prämierte sie 2003 mit Platz zwölf seiner Aktion »Niedersachsen aktiv für andere«. 2003 wurde die Ausstellung in Hamburg auf dem Messegelände gezeigt, 2004 auf der internationalen Modellbahn-Ausstellung in Köln. Das Beste, was da steht – so die Presse.

Ebenso herausragend ist, dass der Verein Ausstellungseinnahmen immer wieder für Soziales spendet. So gingen seit 1994 100.000 Euro an die Wärmestube der Franziskanerinnen in der Bramscher Straße. Franziskus wusste, warum er half.

Adresse Bramscher Straße 158, 49088 Osnabrück, www.eisenbahnfreunde-os.de | ÖPNV vom Neumarkt Bus M1, Haltestelle Handwerkskammer | Öffnungszeiten Tel. 0174/1357504 oder vorstand@eisenbahnfreunde-osnabrueck.de | Tipp Paul Thor entwarf 1929 einen revolutionären Wohnkomplex, fast im Bauhaus-Stil, für kinderreiche Familien und Tuberkulosekranke. Die soziale Intention des Architekten erschließt sich erst im Innenhof: Wohnen zur Sonne mit viel Licht und Luft (Kornstraße 1–16).

76 Die Nackte Mühle

Statt Glotze: Back to the roots

Der Blick schweift weit über den glitzernden Flusslauf der Nette, sanft gewellte Feuchtwiesen und verlandete Tümpel. An diesem Ort verzaubert echte Mühlenromantik den Besucher, das Wasser rauscht vom aufgestauten Teich hinüber zum Mühlrad über das Wehr. Unter Baumkronen sitzen Kinder, Jugendliche und Erwachsene in einem Kreis um ein Lagerfeuer und backen Stockbrot. Was einfach idyllisch aussieht, birgt ungeahnte Kräfte: Seit über 800 Jahren setzt das Wasser der Nette in Haste an der »Nackten Mühle« Mühlräder in Bewegung.

Seit 2008 wird hier mit Hilfe von Wasserkraft Ökostrom für Osnabrück erzeugt. Pro Jahr werden so circa 7,8 Tonnen CO_2-Emissionen eingespart! Das entspricht der jährlichen CO_2-Bildung von sieben Bäumen.

Die ehemals vom Kloster auf dem Gertrudenberg betriebene Getreidemühle verdankt ihren Namen der kahlen, »nakeden« Landschaft, in die sie hineingebaut wurde. Bis 1967 diente der Antrieb sowohl einer Getreide- als auch einer Sägemühle. Die später verfallene Wassermühle setzte man Anfang der 90er Jahre mit großem persönlichen Engagement wieder instand. Sie dient heute der mit Wasserturbinenkraft betriebenen Sägemühle, die beim Schausägen im Einsatz ist. Der Antrieb ist hier nicht das Gewicht des Wassers (potenzielle Energie), sondern dessen Schwung (kinetische Energie).

Aber nicht nur Mechanik und Technik werden spannend erläutert, sondern auf dem etwa drei Hektar großen Gelände wachsen zudem auch Kräuter für die Herstellung von Mückensalben, Gierschlimonade oder Schnüren aus Fasern der Brennnessel. Kinder und Jugendliche leben mitten in der Natur mit Bienenstöcken, Gemüse- und Obstgarten, Schafen, Ziegen und Hühnern. »Wir wollen zurück zu den Wurzeln«, sagt Lisa Beerhues von der Lega S Jugendhilfe, dem Träger der Einrichtung. Die Umweltpädagogin am Lernstandort und Kulturdenkmal Nackte Mühle ist 1997 in Haste magisch hängen geblieben.

Adresse Östringer Weg 18, 49090 Osnabrück, Tel. 0541/61877, nacktemuehle@lega-s.de, www.lega-s.de | ÖPNV vom Neumarkt Bus M1, Haltestelle Haste | Tipp Am Eberleplatz steht seit 1986 eine Büste von Dr. Johann Christian Eberle, der 1907 das Sparkassenwesen reformierte und eine bargeldlose Zahlungsart einführte: den Scheck.

77_Die Olle Use

Für immer mein Holz und meine Quelle

Unter dem Schlagen der Wolfstrommel und dem Hirtenhornblasen, womit früher das Vieh auf die Weide getrieben wurde, beginnt der traditionelle »Schnatgang« der seit 1560 bestehenden Heger Laischaft. Unter dem Motto »Olle use!« (Alles unseres!) wiederholt sich das Volksfest alle sieben Jahre. Der Zug stoppt an bedeutenden Stellen oder Grenzsteinen, an einem wird sogar eine Ohrfeige als Gedächtnisstütze verabreicht. Er mündet in der Stammkneipe »Olle Use«, heute mit »EssBar«. Ihr Eigentümer ist das Hotel Walhalla nebenan, wo sich schon Komponist Albert Lortzing, Hermann Löns, Erich Maria Remarque und 1998 der Dalai Lama einfanden.

Über einem Nebeneingang des Walhalla hängt ein Gedenkstein zum Schnatgang von 1934 in Plattdeutsch: »Kümms du herrut ut düsse dürn, un häßt de Mäse schön an schlürn, dann stell di hier nich hin un pinkle, sock di datou en ennern Winkel.« – »Kommst du aus dieser Tür heraus und hast den Hintern schon am Laufen, dann stell dich hier nicht hin und pinkel, such dir dazu einen anderen Winkel.«

Da es weder Grundbücher noch Katasterämter gab, existierte das Wissen um die Grenzen (Schnaten) nur im Gedächtnis der Zeitgenossen. Deshalb gingen die Laischaften – acht an der Zahl –, in denen alle Bürger zusammengeschlossen waren, regelmäßig die Grenzen ihrer Weidegründe ab – auch um die eigenen Ansprüche zu wahren. Sie bewirtschafteten die gemeinsamen Anteile an jenen Weidegründen, welche nur vererbt wurden. Mit dem Export von Getreide machten sie viel Geld und entzogen den Domherren immer mehr Verantwortlichkeit.

Die Heger Laischaft verwaltet immer noch ihre Wälder »Heger Holz« und »Natruper Holz«. In letzterem befindet sich an der Trotzenburg, einer knorrigen Lindenallee, beim Haus Nummer 24 die »Lodtmannsquelle«. Sie gehört der Heger Laischaft und diente über Jahrhunderte dem vor den Toren der Stadt weidenden Vieh. Heute ist der Garten privat, die Quelle kann aber besichtigt werden.

Adresse Heger Straße 17, 49074 Osnabrück | ÖPNV vom Neumarkt Bus 10, 11,15, 586, M2, Haltestelle Heger Tor | Tipp Im Lange'schen Haus versammelte sich 1889 die »Möser-Loge Nr. 4 von Hannover«. Am Eingang stehen die Initialen I.O.O.F. für »Independent Order of Odd Fellows«, 1935 wurde sie als angebliche »jüdisch-freimaurerische Weltverschwörung« von den Nazis liquidiert (Heger Straße 27).

78 Der Papagei im Rathaus

Gut in Schuss: Vogel mit enormer Verantwortung

Ein kleiner Vogel ist so wertvoll, dass man ihn sogar zusammen mit dem Kaiserpokal in der Schatzkammer des Rathauses aufbewahrt. Er hängt seit 1582 an einer Bürgerschützenkette, die mit auf Leder montierten silbernen Königsschildern vom Ende des 16. Jahrhunderts geschmückt ist. Heinrich Delbrügge schuf den vergoldeten (Silber-)Papagei-Anhänger. Auf einem Metallbändchen an der Kette ist zu lesen: »Vogel, ich wünsche, du mögest als Bild des Triumphs mir gelten! Siege durch dein Geschoss, König wirst du dann sein.«

Fast karnevalesk sind heute Spielmannszüge von Schützenvereinen, die deutlich hörbar durch den jeweiligen Stadtteil ziehen und deren Xylofonmelodien sich einem unwiderruflich ins Gedächtnis eingraben. Die jährlich stattfindenden Schützenfeste blicken aber auf eine lange Tradition zurück. Wehrpflichtige Stadtbürger konnten im Verein nach dem Vorbild des Adels im Schießen ihre Kriegstüchtigkeit üben. Die Wettbewerbe organisierte und finanzierte der Rat, da durch die Sicherheit des Schießens die Verteidigung der Stadt bei feindlichen Angriffen gewährleistet war. Mit der Armbrust – später mit der Büchse – schoss man auf einen hölzernen Vogel, der meist bunt angemalt auf einer hohen Stange saß. Der beste Schütze wurde belohnt und als Schützenkönig gefeiert.

In Osnabrück ist ein Bürgerschießen erstmals 1441 erwähnt, doch dürfte die Sitte auf das 14. Jahrhundert zurückgehen. Der uralte Vogel zeigt jedoch mit dem eingravierten Sprichwort »WILLE GEIT VOR GOLT« seinen wahren Wert: Das Vereinsleben bestand nicht nur aus fröhlichen Partys, sondern war politisch gesehen auch der Inbegriff bürgerlicher Freiheit, deren Bewahrer hier die Schützen sind.

Der Ratsschatz mit Kaiserpokal und des Bürgers Vogel ist neben dem Ratssilberschatz von Emden als einziger noch an jenem Platz in Norddeutschland erhalten, an dem er im Laufe von Jahrhunderten zusammengetragen wurde.

Adresse Markt 30, 49074 Osnabrück, Tel. 0541/3232152 | ÖPNV vom Neumarkt Bus M5, Haltestelle Theater | Öffnungszeiten Mo–Fr 10–17 Uhr | Tipp Eine Tafel als Beweis für den Besuch Johannes Pauls II. am 16. November 1980 hängt im Eingang des Doms: Dauerregen zwang den Papst, abweichend vom Protokoll 50 Meter zu Fuß statt im »Papamobil« auf der Illoshöhe zurückzulegen (140.000 Gläubige feierten hier den Gottesdienst). In Erinnerung an die Stadt fragte er öfters: »Regnet es da immer noch?«

79__Der Park der Sinne

Mal sämtliche Antennen ausfahren

Keine Menschenseele weit und breit im Sinnesgarten der 5.000 Quadratmeter großen Mini-Landschaft. Er befindet sich hinter der Gerontopsychiatrie des Ameos-Klinikums und dem Renthe-Fink-Haus von 1898/99, einem ehemaligen Kriegerwaisenhaus. Daran grenzt die »Lange Wand«, ein Wandergebiet, das bis zum Schinkelberg hinaus und stadtauswärts ins Nettetal oder nach Belm führt.

Der Park der Sinne mit zwölf Stationen lässt uns sämtliche sensorischen Fähigkeiten im Einklang mit der Natur erproben, begeistert sind gerade Kinder. Finanziert wurde er vom Rotary Club Osnabrück-Süd und hat rund 15 Jahre auf dem Buckel, dementsprechend sind auch einige Stationen schon etwas verblichen. Um einen Amphibienteich herum verteilt sich alles, was die Sinne anspricht: klingende Steine, Fühl- und Tastwege, Duft- und Riechbeete, ein Echorohr, Hörrohre, ein Summstein, eine drehbare Rieselscheibe und eine Spirale. Tafeln erläutern jede einzelne Station.

Pionier dieser ganzheitlichen Pädagogik war der deutsche Tischler, Soziologe und Mathematiker Hugo Kükelhaus (1900–1984). Er entwarf Naturspielzeuge und experimentelle Sinnesobjekte – Geräte, die bei der Weltausstellung in Montreal internationale Anerkennung fanden.

»Erkennen durch Tun« war sein Leitgedanke. – »Drückt mich ein Stein im Schuh, zieh ich den Schuh aus, werf' den Schuh fort und geh barfuß auf den Steinen. So konsequent bin ich …« Die Welt mit allen Sinnen zu begreifen sei die Basis von Bildung. Die menschliche Wahrnehmung stand im Zentrum seines Schaffens und mündete im »Erfahrungsfeld zur Entfaltung der Sinne«.

Eine besonders einprägsame Erfahrung verspricht die Partnerschaukel. Gelingt das Wechselspiel, schaukelt man in raumgreifenden Schwüngen ganz nach oben. Stellt man sich nicht aufeinander ein, bleibt man unten auf der Schaukel beim unbefriedigenden Hin-und-her-Geruckel. Es lohnt sich zu üben.

Adresse Knollstraße 86, 49088 Osnabrück | **ÖPNV** vom Bahnhof Bus 14, 15, Haltestelle Karl-Luhmann-Heim oder Klinikum Gertrudenberg | **Tipp** Die Rosskastanienallee »Lange Wand« bis zur Gartlage entstand 1870. Sie verläuft über 850 Meter an den Kabelmetal-Werken entlang. Fortgeführt wird sie durch eine mächtige Buchenallee. Über sie gelangt man in den Wald der Gartlage. An der Landwehr entlang spaziert man rechts durch eine Lindenallee direkt zur Stadt: kleine Wanderung mit City-Besuch also!

80 Der Pernickelturm

Ein Brot, das roggt

»Unser Pumpernickel gib uns heute«, seufzte 1772 der Mathematiker Georg Christoph Lichtenberg beim Kauen der »Sägespäne«. Er war an die Hase geeilt, um Osnabrücks Lage auf dem Erdball zu ermitteln.

Ein noch früherer Beleg für das Verspotten des dunklen Brotes ist der Ausspruch des niederländischen Humanisten Justus Lipsius im 16. Jahrhundert: »Welch armes Volk, das seine Erde essen muss!«

Erst gegoren, dann gebacken, hat es Pumpernickel von der groben Abendbrotstulle längst in die edle Gourmetküche geschafft: Verkleidet als Amuse-Gueule oder raffiniertes Partyhäppchen (Zebrabrote) darf es auf keiner kalten Platte fehlen.

Um die Herkunft des Wortes Pumpernickel ranken sich zahlreiche Legenden: Die Erklärungsansätze reichen von »bonum panicum« (während einer Hungersnot) über den Bäcker Nikolaus Pumper und das mittelhochdeutsche Wort »pumpern« (»furzen«) bis hin zur Verfütterung des unzumutbaren Brotes an eines von Napoleons Pferden, namens Nickel – »bon pour Nickel«.

Der Renner in heutigen Brotregalen entstand in der Pernickelmühle im Schutze des Wehrturms Pernickel. Ein wenig geduckt steht er am Nordende des Herrenteichswalls der ehemaligen Hasebastion. Als Bestandteil des äußeren Verteidigungsrings der Stadtbefestigung ist er kleiner als Bucksturm, Bürgergehorsam oder Barenturm. Doch er diente im Mittelalter – ebenso wichtig – zum Schutz eines Stadtausgangs, der Honpforte, und des Mühlenwehrs, das heute mit der 30 Meter langen Fußgängerbrücke von und zur turbinengesteuerten Kornmühle aus dem Jahr 1892 führt. Bis 1965 noch mahlend, wurde sie 1978 von der Domgemeinde erworben. Die ursprünglich bischöfliche Mühle stand auf einer kleinen Insel mitten im Wehr, bis ein Wolkenbruch diese 1891 wegspülte. Als wahrscheinlich gilt, dass der Pernickelturm nach Parnekel benannt ist, einer Weidefläche, die sich auf dem Gelände der heutigen Tennisplätze am Erich-Maria-Remarque-Ring befand.

Adresse Erich-Maria-Remarque-Ring, 49074 Osnabrück | ÖPNV vom Bahnhof Bus 14, 15, Haltestelle Nonnenpfad, vom Neumarkt Bus M1, M5, Haltestelle Hasetor/Bahnhof Altstadt | Tipp Osnabrück hat seit 2016 einen richtigen Mittelpunkt: Er befindet sich am Herrenteichswall und ist mit einer roten Kugel auf einem kleinen Betonsockel markiert. Koordinaten: 52°16'39" nördlicher Breite, 8°02'51" östlicher Länge.

81 Die Petersburg

Endlich Dauernutzung in Sicht

Im Rathaus in der ersten Etage ist auf einem Stadtmodell von 1633 die Petersburg in Form eines fünfzackigen Sterns zu sehen. Heute erinnert nur noch ein Straßenname an sie. Auf dem Trümmergelände wurde 1912 der Güterbahnhof gebaut.

Die Festung von Fürstbischof Franz Wilhelm von Wartenberg wurde als eigene Residenz 1628 vor den Mauern der Neustadt mit am Gertrudenberg abgebauten Kalk errichtet. Die Stadt war im Glaubenskrieg zwar neutral, nicht aber Franz Wilhelm. Er und seine katholische Liga versuchten mit Gewalt, die Gegenreform durchzusetzen. Die Bevölkerung musste beim Aufbau der Petersburg Zwangsarbeit leisten, und die Burg stellte, am stärksten im Dreißigjährigen Krieg, eine Bedrohung für sie dar. Noch vor dem Westfälischen Frieden rächten sich die Osnabrücker, zerstörten die Burg und ebneten sie ein. So existierte sie nur für eine relativ kurze Zeit. Die letzten Überreste verschwanden, als die Stadt im 19. und 20. Jahrhundert erweitert wurde.

Noch bis 2017 befand sich auf dem ehemaligen Gelände des Güterbahnhofs mit Ringlokschuppen ein Kulturzentrum namens Kulturverein Petersburg, das inzwischen zum Hafen umgezogen ist. Der Ringlokschuppen steht unter Denkmalschutz und ist von deutschlandweitem Seltenheitswert. Er bot 34 Lokomotiven Platz. Zwei halbkreisförmige Garagen und zwei nicht mehr vorhandene Drehscheiben mit einem Durchmesser von 23 Metern galten zur damaligen Zeit als besonders fortschrittlich.

Der damalige Güterbahnhof entstand 1912 und war eine wichtige Säule der Osnabrücker Wirtschaft, bis die Speditionen den Güterzügen den Rang abliefen. Güterwaren wie Kohle verloren ihre Bedeutung, und 1997 wurde die Güterabfertigung eingestellt. Seitdem liegt das 20 Hektar große Gelände brach. Verhandlungen über die rechtmäßige Nutzung waren seit Jahren an der Tagesordnung. Gespannt wartete man auf die nächsten Eigner. 2023 bezog schon mal ein Forschungszentrum für »Künstliche Intelligenz« einen Teil.

Adresse Hamburger Straße 22b, 49084 Osnabrück, www.freiraum-petersburg.de | **ÖPNV** vom Bahnhof Bus 10/20, Haltestelle An der Petersburg | **Tipp** Der über 100 Jahre alte und 35 Meter hohe benachbarte Wasserturm wird heute privat genutzt, davor existierten hier Proberäume für Bands. Viel früher aber lief durch dicke Leitungen das Wasser zu den Dampflokomotiven, bis die Deutsche Bahn den Turm als Bürogebäude nutzte.

82 Der Pferdestall

Der unwiderstehliche Reiz von Modern und Alt

Vor rund 70 Jahren fuhren hufeisenklappernd noch schwer beladene Pferdefuhrwerke mit ihren Auslieferungen quer durch die Stadt zur Güterabfertigung im Fledder an der Hamburger Straße. Im Güterausgabeschuppen für Stückgut beförderten Abholer ebenfalls ihre Waren auf dem Fuhrwerk. Die gesamte Anlage mit damals markantem Uhrenturm entstand 1912. Nach dem Krieg wieder neu aufgebaut, gehörte das Gebäude bis 2020 der evangelischen Freikirche »Lebensquelle«, die es nun an die Tochtergesellschaft der Aloys & Brigitte Coppenrath Stiftung veräußert hat.

Ein historisches Stallgebäude einer Fuhrhalterei befindet sich in einer Durchfahrt in geschlossener Wohnbebauung an der Heinrichstraße. Der großzügige Innenhof, der als Parkplatz dient, war früher Vorplatz des Fuhrunternehmens. Anfang des 20. Jahrhunderts hatte hier die Firma Boes ihren Arbeitsplatz mit Remisen für Karren und Ställen für Pferde. In einem Vorderhaus wohnte die Familie.

Heute steht nur noch das steinerne Stallgebäude. Sowohl die historischen Fensterformen als auch die Tränken im Inneren sind erhalten. In den 1990er Jahren verbanden die »Plan.Concept Architekten« den Stall mit modernen Gebäudekomplexen aus Holz, Stahl und viel Glas. Futuristisch gestaltet, zeichnen vier Giebelspitzen den Radius des Altbaugiebels in abebbenden Wellen nach.

Mit nur einem Pferdefuhrwerk für Güter legte Carl Heinrich Hellmann 1871 den Grundstein des heute in 157 Ländern vertretenen, weltumspannenden Logistikkonzerns. Vereinzelt waren Fuhrwerke noch bis 1961 in der Elbestraße 1 im Einsatz. Das letzte Pferd bei Hellmann hieß »Lisa«.

Der wohl älteste Nachweis für eine Fuhrhalterei ist das frühere Fuhrgeschäft von Hermann und Heinz Siebert, ein Ackerbürgerhaus aus dem 16. Jahrhundert mitten in der Altstadt. Im Rahmen von Sanierungsarbeiten versetzte man das Fachwerkhaus vom Kamp 25 in die Kleine Gildewart. Heute ist es Spielstätte des Figurentheaters.

Adresse Heinrichstraße 14c, 49080 Osnabrück | ÖPNV vom Neumarkt Bus 14, Haltestelle Agentur für Arbeit | Tipp Das Lutherhaus in der Jahnstraße 1 integriert eine Privatbühne für Musik und Kultur, zwei Plattenlabels, ein Ton- und DVD-Studio sowie ein Fachgeschäft für Gitarren, das regelmäßig Workshops anbietet (www.lutherhaus.info).

83 Die Probebühne

Glückwunsch, ältestes Amateurtheater der Stadt

Das ganze Theater passt in die ehemalige kleine Komtureikirche, die 1725 anstelle eines mittelalterlichen Kirchenbaus errichtet wurde. Die Ritter des Deutschen Ordens hatten hier Fuß gefasst – die Probebühne, das erste und älteste Amateurtheater der Stadt, auch, allerdings Jahre später.

Ein sich selbstständig machender Volkshochschulkurs wollte es wissen und verwandelte in den 1960er Jahren die Bänke in 99 feste Sitzplätze. 15 Jahre hatte man nach so einem Gebäude gesucht. Ganze 25 Jahre dauerte es, bis schrabbelige Lichterketten, knarrende Bühnenbretter und unzureichende Sanitäranlagen Professionellerem wichen. Seit der Gründung der Probebühne ist Hans Jürgen Meyer leidenschaftlicher Regisseur und Leiter der Gruppe.

Ein Glanzpunkt der Probebühn'schen Chronologie war 1980 die Einladung zum Theatertreffen nach Berlin. Als eine von zehn ausgewählten bundesdeutschen Bühnen wartete sie mit der Inszenierung von Wedekinds »Frühlings Erwachen« auf.

Im Keller der Kirche spielen sich Dramen, aber auch Komödien ab. Es gibt Stoff von Erich Maria Remarque, und auch eher selten aufgeführte, ungewöhnliche Stücke stehen auf dem Spielplan.

Noch tiefer, gleich neben dem Keller in der Wiesenstraße, wurde 2002 bei Kanalarbeiten zufällig ein Mauerblock von etwa drei mal drei Metern Größe freigelegt. Archäologen buddelten ein Fundament des alten Kirchhofs der Vorgängerkirche aus, über die davor nur Vermutungen angestellt werden konnten. Und siehe da: Der Fund ist bis heute der einzige Hinweis auf die Ursprünge einer in Vergessenheit geratenen Ordenskirche der Sankt-Georgs-Kommende in der Neustadt. Die Gründung des Ordens erfolgte 1301 in Münster, erst 1352 wurde Osnabrück ständiger Sitz der Gottesritter, deren Orden sich 1809 auflöste. Dieser Ort der wiederentdeckten Kirche gab übrigens schon früh der parallel verlaufenden Kommenderiestraße ihren Namen. Für die Archäologie ein Glücksfall – für Theaterbegeisterte auch.

Adresse Wiesenstraße 1, 49074 Osnabrück, Tel. 0541/22666, Vorverkauf Tel. 0541/3232202, www.probebuehne.de | **ÖPNV** vom Neumarkt Bus 12, M1, M3, M5, Haltestelle Salzmarkt | **Tipp** Im »Ersten unordentlichen Zimmertheater e. V.« werden von Amateurspielern hauptsächlich neue, neben auch klassischen Stücken inszeniert und gespielt (Lohstraße 45a, 49074 Osnabrück, Tel. 0541/2599595, www.zimmertheater-online.de).

84_Der Probensaal des Domchors

Jauchzet, frohlocket

Den Blicken der Öffentlichkeit verborgen, eingezwängt zwischen dicken Mauern, steht der markante Probenraum des Domchors. Die Kupferverkleidung des elliptischen Baus schimmert noch im dunklen Braun. Bald aber wird Patina deutlich machen, dass die Hülle des Chorsaals an die Kirchturmdächer des Doms anknüpft. Was auf den ersten Blick so gegensätzlich erscheint, bekommt plötzlich einen Bezug zueinander: inmitten des spätromanischen Kirchenbaus der architektonisch massig gestaltete Probensaal, eingequetscht zwischen Kreuzgang und Marcel-Callo-Haus.

Der äußeren Wucht tritt im Inneren lichte Weite entgegen. Zunächst betreten die Sängerinnen und Sänger über eine gläserne Verbindung vom Kreuzgang aus den Raum. Dieser bekommt durch absteigende Ränge aus hellem Eichenparkett, die übrige Holzkonstruktion und das Deckenelement mit Oberlicht eine gewisse Leichtigkeit. Die Akustik ist trocken, jeder Ton muss sitzen – anders als im Dom, wo mehrsekündiger Hall schiefe Töne gnädig umhüllt.

Die Domchorgründung liegt weit zurück, und die Chormusik am Dom Sankt Petrus zählt zu den ältesten Traditionen Deutschlands. Der Beginn liegt am Ende des 8. Jahrhunderts, als der Dombau und die Domschule durch Karl den Großen entstanden, der den Schülern außer Lesen und Schreiben auch den Choralgesang nahebrachte.

Bis zu 400 Mitglieder hat der Domchor, es gibt auch eine Domsingschule sowohl für Mädchen als auch für Jungen. Hinzu kommen der Osnabrücker Jugendchor und die aus Männerstimmen des Domchors bestehende Choralschola. Die Bandbreite reicht von gregorianischen Chorälen bis hin zur Moderne. Alle Gruppen tragen zur Gestaltung der Liturgie am Dom bei, denn: »Wer singt, betet doppelt« – so fasste es der bedeutende Kirchenvater Augustinus in einer simplen Formel zusammen.

Adresse Kleine Domsfreiheit (Kreuzgangeingang), 49074 Osnabrück, www.dommusik-os.de | **ÖPNV** vom Neumarkt Bus M1, M5, Haltestelle Theater | **Öffnungszeiten** Probe: Do 19.30–21.30 Uhr | **Tipp** Neben dem Eingang des Kreuzgangs steht das abgebrochene, schwere Wappenrad des Bischofs, das ursprünglich den großen Turmhelm des Südwestturms krönte, bis dieser beim Bombeninferno am 13. September 1944 einstürzte.

85 Die Reichwein-Büste

»Wir sind die lebendige Brücke von gestern zu morgen«

Zum Gedenken an Adolf Reichwein steht seit 2004 eine Bronzebüste auf dem längst nach ihm benannten Platz. Hier lässt es sich zwischen Bars und Cafés, um den Koggestrand-Spielplatz herum, hervorragend entspannen. Seit der Umgestaltung des Platzes im Sommer 2020 ist nun die Büste von Manfred Setzepfand gut zugänglich.

Der 1898 in Bad Ems geborene Reichwein ist erster Namensgeber der 1974 umgetauften »Universität Osnabrück«, die aus der 1946 in Celle gegründeten Adolf-Reichwein-Hochschule hervorging. Reichwein gilt als einer der modernen Wegbereiter reformpädagogischer Modelle in Schul-, Arbeiter- und Lehrerbildung. Unermüdlich entwickelte und erprobte er neue Bildungsformen, hielt seine Schüler an, eigenverantwortlich zu handeln, um das Gefühl von selbstbestimmter Freiheit zu spüren. Es ging ihm hierbei um den Einzelnen, aber auch um die Politik als Ganzes.

Schon in den 1920er Jahren ist neben all seinen verschiedenen Berufen ein Familienleben schwierig für ihn. Nach dem tödlichen Unfall seines zweijährigen Sohnes folgt die Trennung von seiner Frau Eva Hillmann. Reichwein nimmt sich eine Auszeit zu Forschungszwecken und bereist ein Jahr lang mit seinem »Tin Lizzy«, dem ersten Fließband-Auto, kreuz und quer die Welt.

In der Pädagogischen Akademie in Halle lernt er seine zweite Frau Rosemarie Pallat kennen, mit der er vier Kinder hatte. 1933 wird er dort aufgrund seiner SPD-Mitgliedschaft seines Professorenamtes enthoben. Ab 1939 leitete Reichwein eine Abteilung des heutigen Museums Europäischer Kulturen in Berlin. War er vorher eher im passiven Sinn, im Geiste seiner Lehren, ein Widerstandskämpfer gegen das NS-Regime, so folgte nun die aktive Phase mit dem Eintritt in die Widerstandsgruppe »Kreisauer Kreis«. Für die Nachkriegszeit war er als Kultusminister auserkoren – sein Leben endete jedoch 1944 mit dem Tod durch den Strang in Berlin-Plötzensee. Er starb für seine politischen und pädagogischen Überzeugungen.

Adresse Adolf-Reichwein Platz, 49074 Osnabrück | **ÖPNV** vom Neumarkt Bus 10/20, M1, M5, Haltestelle Kamp-Promenade | **Tipp** Die gotische Hallenkirche Sankt Katharinen, ursprünglich als oktogonaler Zentralbau angelegt (einmalig!), besitzt mit ihrem 103 Meter hohen Turm den höchsten Kirchturm Niedersachsens.

86 Das Remarque-Zentrum

Erich Maria Remarque – ein Erotomane?

»Herr Jesus, wenn man durchs Telefon vögeln könnte, das wäre ein Fortschritt!«, so Erich Maria Remarques Seufzer während seiner dreijährigen Liaison mit der Filmikone Marlene Dietrich. Ein Erotomane ist man deswegen nicht unbedingt. Jede Fernbeziehung hat solche Momente. Doch gab Remarques Roman-Alter-Ego Ludwig im autobiografischen Werk »Der schwarze Obelisk« rundheraus zu, »dass ich einen Teil meiner Erziehung im Puff […] erhielt«. Der lag wohl in der Rehmstraße 75. Ein Bordell mit Tradition bis ins 19. Jahrhundert, als man noch in Kutschen vorfuhr. Ludwig alias Remarque geriet als Kind durch Sommerstreifzüge in das am Tag ruhige, kühle Haus. Duftende Damen spendierten Selters. Warum nicht dort Schularbeiten machen? Die Damen halfen engagiert – doch wehe, die Noten waren schlecht!

Jahre später besucht Ludwig als Jungrekrut das Bordell. Einmal Sex, bevor es zur Front geht. Die Damen stutzen, erkennen ihren Schuljungen, die Hölle bricht los: Geschrei und Ohrfeigen! Das sei ja das Allerletzte! So eine Ferkelei! Quasi die eigene Mutter schänden wollen! Die dicke Puffmutter kriegt einen Lachanfall und muss gestützt werden. Gerade noch Stinkbomben werfen, nun Geschlechtsverkehr verlangen. Die nächste Ohrfeige. Mit Sex wird es nix. Das gilt auch heute. Denn die »75« ist inzwischen zum Wellnesscenter umgebaut – endlich was für die Frau, meinte die Eigentümerin.

Remarque (1898–1970) wurde 1929 mit seinem Antikriegs-Roman »Im Westen nichts Neues« schlagartig berühmt. Er kaufte sich eine Villa am Lago Maggiore, in die er zwei Tage vor der Machtergreifung der Nazis aus Berlin floh. Von dort ging er in die USA, lebte ausschweifend und heiratete 1958 die frühere Frau Charlie Chaplins, Paulette Goddard. Erst 1964 erhielt er die Justus-Möser-Medaille seiner Geburtsstadt Osnabrück. Im Erich-Maria-Remarque-Friedenszentrum gibt's eine Dauerausstellung und ein großes Archiv über ihn.

Adresse Markt 6, 49074 Osnabrück, www.remarque.uni-osnabrueck.de | **ÖPNV** vom Neumarkt Bus M1, M5, Haltestelle Theater | **Öffnungszeiten** Di–Fr 10–13 und 15–17 Uhr, Sa, So 11–17 Uhr | **Tipp** Am Domhof 2 gibt es die Dombuchhandlung mit einem reichen Sortiment an Belletristik, Kinderbüchern, christlicher Literatur und Bildbänden. Danach schmökert man direkt in einem der vielen Cafés am Markt.

87 Die Riedenbachplastik

Der Stadt abhandengekommen: Karl Blume

Schon lange fristen sie ein Schattendasein in den Rabatten südlich des Schölerbergs am Riedenbach. Doch besteht in der Grünanlage die Chance, mit diesen zwei Persönlichkeiten in Berührung zu kommen: Komponist, Baritonsänger und Orchestermusiker Karl Blume und Maler Franz Hecker. Beiden ist ein Denkmal gewidmet – Blume eine Bronzeskulptur mit Laute von Hans Gerd Ruwe aus dem Jahr 1963, Hecker ein Gedenkstein von Fritz Szalinski aus dem Jahr 1967 (siehe Kapitel 96).

Begonnen hat Karl Blumes Karriere mit dem volkstümlichen Schlager und ersten deutschen Tonfilm aus dem Jahre 1932 zu Hermann Löns' Gedicht »Grün ist die Heide«. Denn der gebürtige Osnabrücker trat nicht nur selbst in dem Film auf, sondern komponierte auch die Melodie dazu. Er schuf damit für alle Heide-Filme ein leitmotivisches Vorbild und einen Ohrwurm.

Die moderne Plastik, die ihn auf einer Laute spielend darstellt, ist einzigartig, weil vor ihr am Boden eine Sandsteinplatte auch Hermann Löns (1866–1914) gedenkt. Eine Doppelhuldigung an einem Ort.

Karl Blume war ein positiver Mensch, der seine Mitmenschen mit Esprit und seiner Musik in den Bann zog. Als die Russen im Zweiten Weltkrieg in Berlin einmarschierten, wo er später lebte, ließen sie ihn und sein Haus unversehrt, weil er für sie sang – gut geigen und posaunen konnte er auch. Schon an der Front in Frankreich spielte er seinen Kameraden Selbstkomponiertes vor und ließ sie so manche schwere Stunde kurz vergessen. Vor laufender Kamera zeigte er sich nach dem Ersten Weltkrieg sogar mit Lautenspiel als Heide-Vagabund, zog als »letzter fahrender Sänger Deutschlands« mit seinen volkstümlichen Schlagern wie »Rosemarie« durch die Lande. Daneben komponierte er Walzerlieder. Zahlreiche Hymnen schrieb er an seine Heimatstadt wie das Lied: »Osnabrück, du meine Heimat, nirgends ist die Welt so schön«. Blume und Hecker war die Liebe zur Heimat, Musik und Natur gemeinsam.

Adresse Am Riedenbach an der Schölerbergstraße, 49082 Osnabrück | **ÖPNV** vom Bahnhof Bus 17, Haltestelle Am Riedenbach | **Tipp** Das Museum am Schölerberg hat einen Sinnengarten. Neben Objekten zum Riechen, Schmecken und Tasten ist nun auch ein großes Holzxylofon für den Hörsinn installiert worden (Klaus-Strick-Weg 10).

88 Die Riedenbachstele

Seele, sorge dich nicht: Franz Hecker

Am Fußweg im grünen Idyll neben dem Riedenbach steht eine schlichte Stele für Franz Hecker, gestiftet von einer Privatinitiative. Die Bilder von dem bedeutenden Maler des Osnabrücker Landes und seiner Menschen hängen in zahlreichen Wohnzimmern.

Geboren 1870 in Bersenbrück, war er in erster Linie Landschaftsmaler, studierte in München, Düsseldorf und Paris. Seine Bilder erzählen von einem unproblematischen Dasein, als hell, sonnig und zart empfand Hecker die Welt. Gefühlvoll hält er das dörfliche Leben und die Einzigartigkeit der Landschaft mit meisterhafter Beherrschung des lebendigen Spiels von Licht und Schatten in Gemälden, Pastellen und Druckgrafiken fest. So rein und heimattreu er malte, so stark interessierte sich auch die NSDAP für seine Kunst. Er aber lehnte die aufkommende Blut-und-Boden-Ideologie konsequent ab.

Hecker vermied alles Laute, brauchte später Natur und Stille als Inspiration, deren Quelle in Studienzeiten noch aufregende Auslandsreisen waren. Mit Anfang 40 baute er sich den lang ersehnten Ruhepol: eine neobarocke Villa am Südhang des Schölerbergs mit weitem Blick über das Tal bis zum Harderberg. Den Neuanfang besiegelte symbolisch ein solides Türschloss, mitgebracht von einer Englandreise. Bis zu seinem Tod bei einem Bombenangriff malte und zeichnete der Junggeselle hier, versammelte Freunde zum musikalischen Quartett, in dem er die erste Geige spielte. Ebenso lud er sie in sein Atelier auf Gut Sandfort mit großem Flügel ein. So ist eine seiner bekanntesten Radierungen das »Quartett«.

Eine positive Einstellung, die trotz der Katastrophe zweier Kriege nicht aus der Balance geraten zu sein schien, spiegeln seine zahlreichen, die Seele anrührenden Winterbilder wider: Darauf wirkt das Weiß des Schnees magisch entrückt in einer hellen und heiligen Natur. Es scheint, als ob Heckers Leben sich genauso klar, überschaubar und ohne Ausbrüche künstlerischer Launen abspielte.

Adresse Am Riedenbach an der Schölerbergstraße, 49082 Osnabrück | **ÖPNV** vom Bahnhof Bus 17, Haltestelle Am Riedenbach | **Tipp** Die Bohnenkamp-Stiftung hat Heckers Villa originalgetreu renoviert und 2014 mit der Haarmann-Stiftung für Umwelt und Natur bezogen. Auf Anfrage können kleine Ausstellungen verschiedener Künstler besichtigt werden (Klaus-Strick-Weg 28, Tel. 0541/9826170, info@bohnenkamp-Stiftung.de).

89__Die Riesen und »Solara«

Alte und Neue Welt: Wilde Männer und Wolkenquirl

Osnabrück hat den bestbesuchten Schlosspark Deutschlands, weil einst Fürst Ernst August I. und seine Frau Sophie mit »grünem Daumen« die Gelder ihrer Untertanen verprassten. Dank ihrer Naturambitionen existieren heute noch ausgedehnte Wiesen am Schloss, der heutigen Universität. Ein Drittel der Stadtfläche ist sogar Landschaftsschutzgebiet. Alle paar Meter gestalten Skulpturen den Park.

Am westlichen Seiteneingang der gelben Barockfassade stehen zwei nackte, bärtige Männer extrem lässig an einen Holzstumpf gelehnt – auch bekannt als die »Wilden Männer« (Gestapokeller, siehe Tipp). Es sind steinerne Riesen, mit nur einem Laubkranz bekleidet und ausgeführt als Spiegelplastiken. Angelehnt an die griechische Mythologie stellen sie den Helden Herakles dar, Sohn des Göttervaters Zeus und der irdischen Alkmene von Theben. Sie symbolisieren Stärke und Gesundheit. Eine Miniausführung der beiden findet man auf dem Wappenstein im Giebel der Stadtwaage. Einst standen die Riesen vor dem Schloss Wulften, bis sie dann die Lindenallee des Schlosses der Ritter von Korff – heute Marienheim – in unmittelbarer Nähe zum Sutthauser Bahnhof schmückten (siehe Kapitel 72). Deshalb trug um die Jahrhundertwende die dortige Bahnhofsgaststätte auch den Namen »Restaurant zu den zwei Riesen.

Die Vorliebe des 18. Jahrhunderts, Gärten mit Figuren zu schmücken, verleiht dem Schloss noch heute einen höfischen Glanz. Allerdings wird er etwas gebremst durch die angrenzende Stadthalle, das Erweiterungsgebäude der Uni und zeitgenössische Kunstwerke.

Unübersehbar ist das poppige Kunstwerk »Solara« von Claire Ochsner auf einem Stück Wiesengrün. Einzelne Teile der Plastik werden durch die Energie eingebauter Solarzellen bewegt. 1999 aufgestellt und 2012 generalüberholt, löste »Solara« eine große Kontroverse über ihren ständigen Verbleib im Schlosspark aus. Eine Initiative »Solara soll bleiben« half. Unverdrossen dreht sich das Perpetuum mobile bis jetzt weiter.

Adresse Neuer Graben 29, 49074 Osnabrück | ÖPNV vom Neumarkt Bus 16, 19, Haltestelle Universität | Tipp Der Gestapokeller im Schloss erinnert an angsteinflößende Nazi-Gewalt. Eine Gedenktafel für die Opfer ist am Westflügel angebracht, geöffnet Di–Sa 14–17 Uhr, So und Fr 11–17 Uhr, Tel. 05405/8959270 oder www.gedenkstaetten-augustaschacht-osnabrueck.de/Besucherinfo.

90 Die Rosengärten

Da blüht dir was

Wer glaubt, es handle sich bei den »Rosengärten« um Gärten mit der edlen Blume, wird enttäuscht sein. Nur das kräftige Rot der im Block angeordneten 28 Einzel- und Doppelhäuser weckt die Assoziation an die klassische Rosenfarbe. Die Siedlung »Rosengärten« unweit der Iburger Straße ist versteckt in einer Seitenstraße – ruhig gelegen und klar gegliedert: eine kleine heile Welt mit eigenem Spielplatz.

Auf dem ehemaligen Gärtnergelände stehen nun schmale mehrstöckige Häuser von nur sechs mal zwölf Metern, auch in der Koppelung als Doppelhäuser. Der schlanke Gebäudetyp erstrahlt in der unteren Hälfte in Weiß, das Obergeschoss mit Holzrahmenbauweise in Karminrot. Lebendigkeit schaffen einzelne versetzte Verkleidungsplatten in Mittelrot und Orange. Kleine Gärten und der große Abstand zum Nachbarn schaffen eine fein austarierte Balance zwischen wohnlicher Offenheit und Privatsphäre. Ende 2006 zogen schon die ersten Bewohner ein, 2010 war das Quartier fertig.

Die Rosengärten sind Teil eines Sanierungsprogramms im Rosenplatzviertel, das lange Zeit als Problemstadtteil galt. Es befand sich dort anfangs von 1840 bis 1882 nur die Weberei Hammersen, dann wuchs das Viertel bis in die Zeit der 1980er Jahre immer mehr an. Von 2001 bis 2016 nahm das »Quartier Rosenplatz« am Förderprogramm »Soziale Stadt« teil. In diesem Zusammenhang entstanden auch die Rosengärten, realisiert vom Büro PPL aus Hamburg. Auf einer bisher als Garagenhof genutzten Fläche soll demnächst ein zweiter Bebauungsabschnitt entstehen.

Der nahe gelegene Rosenplatz bekam seinen Namen von herrlich duftenden roten Rosenbüschen. Vor Jahrhunderten pflanzte die rosenverliebte Frau eines Fürstbischofs in der Mitte der Fläche hübsch eingezäunt ganze Beete des edlen Gewächses. 2013 hat man dem Platz in Erinnerung daran einen roten Anstrich verpasst: rot durchgefärbter Beton als Fahrspur, die in verschiedenen Rottönen rhythmisiert ist – bundesweit einzigartig (2023 sanierungsbedürftig).

Adresse Deisterweg, 49082 Osnabrück | **ÖPNV** vom Neumarkt Bus M1, Haltestelle Bünder Straße | **Tipp** In der Miquelstraße steht die Anfang des 20. Jahrhunderts im neoromanischen Baustil errichtete Sankt-Joseph-Kirche, deren Inneres gewaltige Decken- und Wandmalereien schmücken. Sie besitzt eine der größten Kuppeln Norddeutschlands.

91__Der Rosenhof

Vom Lichtspiel übers Schachtelkino zum Multi-Event

Der ehemalige Filmpalast »Rosenhof-Lichtspiele« am Rosenplatz ist noch immer im 50er-Jahre-Stil erhalten. Die wechselvolle Geschichte des von Josef Struchtrup 1953 eröffneten Kinos ist spannend. Ursprünglich hatte die Familie Struchtrup schon 1933 in der Johannisstraße ein Kabarett- und Varieté-Theater eröffnen wollen, doch die Nazis verweigerten ihr die dafür erforderliche Konzession.

Historische Statistiken zeigen: Nie wieder besuchten so viele Menschen deutsche Kinos wie in den späten 1950er Jahren. Dann kam die erste Sterbewelle. Während des Siegeszugs des Fernsehens und der Videos in den 60ern ging die alte Kinokultur unter. Der Rosenhof blieb davon nicht verschont und musste verkauft werden.

Daraufhin sollten Schachtelkinos es richten. Deren Erfinder, der UFA-Theater-AG-Kinokönig Heinz Riech, schnitzte 1983 aus dem Rosenhofkino fünf schräge Kinokartons. Die mickrigste Vorführstätte befand sich im ehemaligen Foyer und umfasste gerade mal 65 Plätze. Bis 1990 betrieb die UFA den Rosenhof als Schachtelkino, aber bereits 1987 entbrannte ein Kinokrieg zwischen dem Bewerber Hans-Joachim Flebbe von CinemaxX und Heinz Riech. Flebbe jagte der Riech-Gruppe das Objekt ab, wogegen die UFA bis zur gerichtlichen Zwangsräumung vergeblich klagte.

So erstanden die Rosenhof-Lichtspiele 1992 wieder in alter Pracht und waren mit dem Rückbau von 420 roten Polstersesseln in dieser Zeit auf jeden Fall das repräsentativste Kino Osnabrücks. 1997 übernahm jedoch wieder die UFA den Spielbetrieb, bis es infolge von Insolvenz 2002 zur Schließung kam.

Ab Oktober 2004 wurde der Rosenhof zu einem kulturellen Veranstaltungszentrum für Lesungen, Konzerte und Comedy umgebaut und ist heute wieder auf der Überholspur – privatwirtschaftlich betrieben von Rüdiger Scholz' Agentur Goldrush Productions. Im Prinzip ist der Rosenhof so auch wieder zum ursprünglichen Konzept der Familie Struchtrup zurückgekehrt.

Adresse Rosenplatz 23, 49074 Osnabrück | ÖPNV vom Bahnhof Bus 17, 20, 464, 465, 467, Haltestelle Rosenplatz | Tipp Weinstube, Galerie & Restaurant »Joducus« mit Biergarten ist seit Ewigkeiten die gemütliche Option für Weingenießer (Bier gibt es auch) zu leckeren Aufläufen, Pastagerichten oder einer schmackhaften Fischplatte. Kommanderiestraße 116, Tel. 0541/ 86530, Di–So, ab 18 geöffnet.

92 Der Schäferbrunnen

Ein Tierfreund und schlichtweg guter Hirte

Im 17. Jahrhundert gab es häufig Streit unter den Bauern um die Weiderechte. Um eine geregelte Weidewirtschaft vor den Toren der Stadt zu gewährleisten, entstanden Laischaften. Es gab davon acht Stück, benannt nach den Stadttoren. An diese ländliche Vergangenheit erinnert der Schäferbrunnen.

Heinrich Adolf Ströker war ein Osnabrücker Original, wohnte in der Meller Straße und weidete damals seine Schafherde in Voxtrup und Gretesch. Wind und Wetter konnten ihm nichts anhaben. Bis ins hohe Alter von 87 Jahren sorgte er beharrlich für seine Tiere. Noch zu Lebzeiten wurde er 1904 als Sinnbild des »guten Hirten« in einer vollplastischen Brunnenfigur aus Kupfer verewigt. Sein Schöpfer, der Bildhauer Lukas Memken (1860–1934), kannte ihn von Bildern des Malers Franz Hecker – Memken ist übrigens auch für den heutigen Löwenpudel am Dom verantwortlich.

Ursprünglich hatte der Schäferbrunnen den Nürnberger Gänsemännchen-Brunnen aus Bronze zum Vorbild: Der Schäfer stand in gleichem Habitus wie der Gänsebauer mitten in der Sandsteinschale auf einem verzierten Sockel, aus dem seitwärts Wasser plätscherte. Goethe fand so viel Gefallen an der Gänsemännchen-Darstellung von 1550, dass er in Weimar anregte, ebenfalls einen Brunnen aufzustellen. Auch Ludwig II., der »Kini«, bestellte sich eine Nachbildung.

Der alte Schäferbrunnen, also eine großartige Nachbildung, stand östlich des Rosenplatzes. Sockel und Kupferfigur mit dem tief ins Gesicht gezogenen Schlapphut wurden im Zweiten Weltkrieg eingeschmolzen. Seit 1950 steht der Brunnen in einer Steinfassung von Georg Hörnschemeyer (1907–1983) gegenüber an der Einmündung zur Sutthauser Straße. Auf dem Gertrudenberg befindet sich ein weiterer moderner Schäferbrunnen von Hans Gerd Ruwe, und im nicht weit entfernten Melle gibt es noch die echte Schäferin Anne Krüger.

Übrigens: Damit Wasser aus dem Sockel fließt, muss eine kleine Scheibe im Boden betreten werden.

Adresse Rosenplatz, 49074 Osnabrück | ÖPNV vom Bahnhof Bus 17, 20, 464, 465, 467, Haltestelle Rosenplatz | Tipp In der Johannisstraße 4 steht noch die Fassade eines klassizistischen Bürgerhauses, erbaut 1803 vom Bäckergildemeister Anton Gottlob Weymann.

93__Der »Schmied im Hone«

In Haste gibt's Helles und Dunkles

Uralt ist das Wort, uralt ist der Weg. Schon die römischen Legionäre mögen am »Hon« vorbeigezogen sein – so heißen hier das Holz und die Schlucht. Da steht ein Wirtshaus wie eine Festung, hinter schwerem gelbgrauen Gemäuer und mit verästelten Wurzeln umfriedet. An heißen Tagen und kühlen Abenden löschte man damals gern seinen Durst in der Schankwirtschaft mit Kaffeegarten. Bevor das Ausflugslokal entstand, wird hier der Schmied den Blasebalg gezogen und das glühende Hufeisen im Bottich zum Zischen gebracht haben. Der unheimliche Mann, der gern mit dem Feuer spielte, wohnte früher meist abseits.

Noch im 19. Jahrhundert lebte hier ein Schmied – ein kommunikativer Mensch und eine Konkurrenz für das Kaffeehaus, denn in der Schmiede gab's billigen Branntwein. Das missfiel der Bergwerksleitung am Piesberg, da die Kohlenfuhrleute durch die Einrichtung ganz in der Nähe zum maßlosen Trinken verleitet wurden. In einem Schreiben von 1868 forderte die Bergwerksleitung, dem Schmied die Konzession zum Ausschank von Branntwein gesetzlich zu entziehen. 1909 wurden beide Orte dann im »Kaffeehaus zum Schmied im Hone«, früher »Steinkamp«, vereint. Die Tochter des damaligen Schmiedes Sandmann stand bis zur Schließung 1984 als dienstälteste Wirtin am Zapfhahn.

18 Jahre stand es leer und drohte zu verfallen, bis die Hochschule sich seiner annahm. Das historische Schankhaus steht noch mitsamt der Zapfanlage und bietet heute Büro-, Lehr- und Veranstaltungsräume. Nur die alten Nebengebäude mussten 2012 neuen Laboren für die Lebensmittelforschung weichen.

Bier wird immer noch getrunken, hauptsächlich zu Forschungszwecken: Eine Spezialität der Lebensmitteltechnik ist nämlich das »Haster Campus-Bier« aus der Brauanlage des neuen Technikums – hell oder dunkel. Probierfreudige Bürger sind für Verkostungen und Besichtigungen des Sensoriklabors im Komplex »Schmied im Hone« immer willkommen.

Adresse Oldenburger Landstraße 62, 49090 Osnabrück, www.stb-hsos.de/foodsense | **ÖPNV** vom Neumarkt Bus 584, X583, Haltestelle Oldenburger Landstraße/HS | **Tipp** An derselben Straße steht an einer Waldlichtung, von zehn Rotbuchen umstanden, das Kreuz im Hone mit einer Inschrift, die von der Sage berichtet, dass Karl der Große an dieser Stelle den ersten christlichen Gottesdienst gefeiert habe.

94 Die Schokoladenfabrik

Wo es süß und rauschhaft dahinschmilzt

Das, wovon Kinder träumen, hüllte Roald Dahl in seinem Buchklassiker »Charlie und die Schokoladenfabrik« 1964 phantasievoll in Worte. Tim Burton verfilmte das Märchen 2005 mit Johnny Depp als Schokoladenfabrikant Willy Wonka, in dessen Reich Bonbons von Bäumen fallen, Lollis aus dem Boden wachsen und Flüsse aus Schokolade fließen.

Letzteres hat Ähnlichkeit mit Fred Windels Schokoladenimperium im Hafen. Zwar trägt er weder Zylinder noch Prinz-Eisenherz-Frisur, aber er leitet in vierter Generation das Süßwarenunternehmen für Präsente, die Windel GmbH & Co. KG. In den 80er Jahren wurde mit der Confiserie Heidel hier ein zweites Standbein für Pralinen aufgebaut, und 2003 stieß das belgische Unternehmen Kim's Chocolates N.V. für belgische Pralinen dazu. Nicht weit entfernt befindet sich ein weiterer Ort, an dem Schokolade fließt: die Farüchoc Schokoladenfabrik GmbH & Co. KG, die 1995 von Windel übernommen wurde. Damals erst startete die Windel-Gruppe auch ihre eigene Schokoladenproduktion. Farüchoc ist auf die Entwicklung neuer Rezepturen sowie die Herstellung von Schokolade bis zum verpackten Endprodukt spezialisiert und ein reiner Private-Label-Hersteller. Kunden können hier ihre eigenen Rezepturen realisieren – was die wenigsten wissen! Für Schokoliebhaber gibt es eine Menge Saisonartikel für jede Geschmacksknospe.

Windels Sortiment umfasst etwa 100 Grundartikel und hat natürlich auch eine Geschichte: Urgroßvater und Gründer war 1900 Ludwig Windel. Die Wandlung von einem Handels- zu einem innovativen und exportorientierten Industrieunternehmen, das nach Polen, Tschechien und in die USA liefert, vollzog sich langsam. Der Renner »Nikolausrute« verhalf den Eltern Windels 1968 zur zündenden Idee, Kombiartikel zu entwickeln. 1986 begann die Produktion für Adventskalender. Schokolade gilt als aphrodisierend, und bei Windel schmilzt sie sogar zu sämigen Seen.

Adresse Carl-Dütting-Straße 1, 49090 Osnabrück | **ÖPNV** vom Neumarkt Bus 11, Haltestelle Schule Eversburg, circa 1,5 Kilometer Fußweg | **Öffnungszeiten** einsehbar unter www.windel-candy.com oder www.faruechoc.de | **Tipp** Am Traiteur-Platz 1 gibt es luftgetrockneten Friedensschinken im Werksverkauf bei Bedford. Und er hilft! Mit jedem verkauften Schinken spendet Bedford einen Euro an das Kinderhilfswerk terre des hommes, dessen Hauptsitz Osnabrück ist, www.bedford-direkt.de/#kontakt.

95__Das Schulmuseum

Zwischen Laterna magica und Rechenschiebern

Nahe der Katharinenkirche präsentiert der Verein Osnabrücker Schulmuseum e. V. historische Schulgegenstände aus der Region Osnabrück. Er bietet im Ambiente zurückliegender Jahrzehnte programmgestützte Führungen für Schulkinder und Erwachsene, begleitet Ausleihen und Fachausstellungen und recherchiert zu ausgewählten Themen der allgemeinen und heimischen Schulgeschichte.

Die Schulsammlung umfasst Altgegenstände wie die Laterna magica, ein vom 17. bis ins 20. Jahrhundert gebräuchliches Projektionsgerät, Schiefertafeln natürlich, naturwissenschaftliche Modelle, Landkarten und über 30.000 schulnahe Bücher.

Gerade die originalen Gegenstände in der Museumsklasse wie in der Geschichtswerkstatt Schule erlauben über das reine Betrachten hinaus konkretes Begreifen mit allen Sinnen, also Anfassen erlaubt. Das führt zu einem erleichterten Zugang zu den Lebenswirklichkeiten in der Schule früherer Zeiten.

Das Quietschen des Griffels auf der Schiefertafel ist vielleicht schmerzlich zu hören, der Geruch des alten Lederranzens weckt Erinnerungen, und die Tintenglasaussparung in der alten Bank kann auch mal als kleiner Abfallbehälter falsch interpretiert werden. Im historischen Unterricht jedoch sind solche Deutungen Anlass zu einem lernintensiven Dialog.

Noch lagert so manches Exponat in komplizierten Raumverhältnissen. Die Besucher hingegen dürfen auf eine museumsgerechte Ansprache mit der Präsenz authentischer Gegenstände vertrauen.

Politik und Verwaltung wissen um die Bedeutung eines Schulmuseums in der Stadt Osnabrück mit ihrer besonderen Kultur- und Schulgeschichte. Sie erkennen die Impulse des Vereins für Stadtgeschichte, Tourismus und Marketing an. Und beide Institutionen wissen um die Kraft einer professionellen Zusammenarbeit.

Lassen Sie sich einladen zu einer Reise in die Vergangenheit, die fasziniert und begeistert, aber auch zum Nachdenken anregt.

Adresse Rolandsmauer 2, 49074 Osnabrück, www.osnabruecker-schulmuseum.de, Tel. 0541/434069 | **ÖPNV** vom Neumarkt Bus 41, 81, 82, Haltestelle Nikolaizentrum, oder Bus 10, 11,15, 586, M2, Haltestelle Heger Tor | **Öffnungszeiten** nach Vereinbarung | **Tipp** An der Katharinenkirche floss einst der Poggenbach. Ihr gegenüber steht seit 200 Jahren die Poggenburg mit hohem Walmdach, ursprünglich Wohnsitz Ertwin Ertmanns, unter dessen Bürgermeisterschaft 1487 das Rathaus entstand.

96__Die Sitzende

Des Bildhauers Fräuleinwunder

Zahlreiche Kunstwerke von Fritz Szalinski (1905–1978) befinden sich in der Altstadt. Manchmal sind sie etwas versteckt, wie zwei Stuckreliefs, die im Stadttheater über dem Bühnenvorhang angebracht waren und sich heute im Magazin der Denkmalpflege befinden. Auch den »Landmann« zwischen den Arkaden des Alten Kreishauses am Neuen Graben nimmt man erst auf den zweiten Blick wahr, ebenso wie die bronzene Türklinke »Frieden 1648« an der über 500 Jahre alten Eichentür des Rathauses.

Die Sandsteinskulptur »Sitzende« von 1955 sinnte noch 1962 im Innenhof der Stadtbücherei, bevor sie ihre Reise zur Hakenstraße antrat. Diese 108 Zentimeter hohe, melancholisch in die Ferne schauende, dennoch meditativ in sich gekehrte Frau ist einmal mehr eine Liebeserklärung Szalinskis an das weibliche Geschlecht. Ruhe brauchte er für seine kreative Entfaltung: »Stille gibt die Stärke mir; die Muse kommt nur leise. Mit meinem Wirken dank ich ihr auf mir gegebene Weise.«

Eine klare, stark kubische Formgebung charakterisiert zwei andere Bronzefiguren, die ebenfalls den Namen »Sitzende« tragen – eine Figur am Adolf-Reichwein-Platz (eine Kopie) sowie eine Figur am Heger Friedhof (eines seiner letzten Werke, dessen Original er für sein eigenes Grab entwarf). Dann wären da noch die »große Kniende« (Dodesheide), die »Ausschauende« (Bocksmauer) und ein »Mädchen mit Vogel« (Jakobstraße). Jede dieser Frauen strahlt in Haltung und Gebärde das Geborgensein im Umhüllenden einer sorgenden Mütterlichkeit aus. Sie sprechen von der Sehnsucht des Künstlers, den Menschen mit seinem inneren Reichtum ganzheitlich durch die Wesenszüge Schauen, Sinnen, Besonnenheit, Trauern und Erwarten zu erfassen. Der idealisierte Mensch des Bildhauers kann noch schweigen, die Stille ertragen, ohne in den Lärm zu fliehen, weil er die Einsamkeit fürchtet.

Ein Leben lang suchte Szalinski diese Stille in der Abgeschiedenheit seines Ateliers oder in der Natur, umgeben von Holz, Stein und Ton.

Adresse Hakenstraße 15, 49074 Osnabrück, www.fritzszalinski.de | **ÖPNV** vom Neumarkt Bus 10/20, 11, M2, Haltestelle Nikolaizentrum | **Tipp** Das Fachgerichtszentrum in 50er-Jahre-Architektur in der Hakenstraße hat eine türkische Mosaikdecke und Treppenstufen wie ein Schneckenhaus, Führungen ab und an unter: www.osnabrueck-fuehrungen.de. Herrlich ist es auch, parallel die Redlingerstraße entlang zu schlendern.

97 Der Skatepark

Justus geht steil!

Wenn es am Platz klackt, kracht, kratzt und knallt und der Gettoblaster die Hits aus den 80ern spielt, dann weiß man, dass endlich Sommer ist. Der Skatepark am Rande der schönen Grünanlage in der Gartlage heißt in der Szenesprache nur »der Platz« und ist seit Anfang der 1990er Jahre Dreh- und Angelpunkt einer regionalen Skatergemeinschaft.

Nach mehr als zwei Jahrzehnten Dauerbetrieb war die Anlage ziemlich verwahrlost. Doch im Mai 2016 wurde der Street- und Flowpark neu eröffnet, Kostenpunkt für die Runderneuerung: 515.000 Euro. Der Parcours funktioniert für Skateboards, Scooter, BMX-Räder und Inlineskates. Auf der Fläche findet man – Achtung, Insider-Jargon! – eine Halfpipe, einen Bowl (eine Art Pool ohne Wasser), Quartier-Ramps (diverse Bank- und Quartervariationen), Rails (Treppengeländer, Metallrohr), Pyras (Pyramiden), Ledges (Auf- und Abfahrtsflächen) und Manny Pads (verschiedene Ebenen). Der Fahrbelag ist »super smooth«.

Entwickelt hat die Anlage Geschäftsführer Ingo Naschold mit seinem Team des Münsteraner Planungsbüros »DSGN concepts«.

Und nun zu Justus, dem blonden Skater: Er hebt die Spitze seines Skateboards in voller Fahrt an und fliegt über extrem breite Stufen. In der Luft dreht er sich einmal um die eigene Achse, das Board fest im Griff. Der Sprung dauert eine gefühlte Minute. Kaum ist er gelandet, macht er den »Acid Drop« (blitzschnell vom Brett springen, selbiges in eine Hand nehmen und wieder hinaufspringen). Den Namen des Manövers prägte der erste Skater, der oft unter Einfluss von Acid (LSD) stand. Beinahe 100 Tricks gibt es, wie den »900°«, den »Airwalk« oder den »Stalefish«. Justus schliddert, legt sich heftig hin, rappelt sich sofort wieder auf und fährt weiter. »Ganz wichtig beim Skateboardfahren«, so Ingo Naschold, selbst leidenschaftlicher Skater: »Man lernt, auf die Fresse zu fliegen und wieder aufzustehen. Das stärkt die Persönlichkeit, das prägt fürs Leben.«

Adresse Ecke Liebig- und Schlachthofstraße, 49074 Osnabrück | ÖPNV vom Neumarkt Bus M4, X275, Haltestelle Bohmter Straße | Tipp Sehenswert ist die alte Arbeitersiedlung aus Backstein mit ihren üppig blühenden Vorgärten. Diese Anlage errichtete man bis 1923 für die Beschäftigten des früheren Osnabrücker Kupfer- und Drahtwerkes (OKD) am oberen Ende der Liebigstraße. Ruhig auch mal in die Hinterhöfe der Siedlung gehen.

98_Der Speicher 49 und 50

Neues aus Hitlers Heeresbäckerei im Hafen

So hatte Hitler sich das nicht vorgestellt: Seine fünf monumentalen Getreidespeicher der Winkelhausen-Kaserne beim Stichkanal nutzten die Briten 1947 als Möbellager, Büros und Werkstätten. Die damalige Großbäckerei »Speicher 50« diente als Mannschaftsraum, Casino und Lagerhalle für die NAAFI-Shops, der Dachboden wurde zur Kegelbahn umfunktioniert. Einen Speicher rissen die Briten ab.

Die fünf Stockwerke hohen Getreidespeicher von circa 60 Metern Länge bildeten mit einer Mühle und der Großbäckerei das Heeresverpflegungslager. Hitler wollte damit Nahrungsengpässe wie im Ersten Weltkrieg für seine Armee vorbeugen.

Heute stehen noch Kanalriesen-Speicher 49 und 50, der »Laute Speicher« und »Leise Speicher«, beide gehören zum KREATIV-QUARTIER im Hafen. Ersterer bietet Kreativen aller Art, besonders Musikern, Räume. Der Zweite hält seit 2020 im ehemaligen Feldwebelcasino der Briten und der Feldwebelunterkunft bezahlbare Büros für Designer, Event-Agenturen, Programmierer, Architekten oder Food-Manufakturen bereit. Zwei Speicher, Nummer 51 und 52, verschwanden 2016, obwohl sie unter Denkmalschutz standen. Die Stadtwerke-Tochter ESOS ließ sie für Rangiergleise abreißen, auf denen Güterzüge zusammengestellt werden können.

Als die Briten 1947 das Kommando in der Kaserne übernahmen, konnten sie viele Gebäude weiternutzen. Das galt besonders für den Reitstall der Wehrmacht. Hier brachten die Briten zeitweise 600 Pferde unter, auch für Polo und Fuchsjagd. Damit war Schluss, als die britische Garnison 2009 aufgelöst wurde. Sie bestand aus sechs Kasernen auf einer Fläche von rund 160 Hektar sowie 1.300 Wohnungen für Militärangehörige. Einige Kasernen sind noch von Konversionsmaßnahmen betroffen.

Über 5.000 Angehörige der britischen Streitkräfte verließen Osnabrück. Damit wurde der bis dahin größte Truppenverband außerhalb Großbritanniens aus der Bundesrepublik Deutschland abgezogen.

Adresse Am Speicher 1, 49090 Osnabrück | **ÖPNV** vom Neumarkt Bus 18, M1, Haltestelle Bramscher Straße | **Tipp** Im Hafen ganz in der Nähe, im Mühleneschweg 17, gibt's bei »Fisch Prinz« alles Schmackhafte aus dem Süßwasser oder Meer.

99_Der Stadtpilgerweg

Geht doch!

»Spur des Friedens« nennt sich der Pilgerweg durch die Stadt, und der Titel entspringt nicht dem hier viel gerühmten Westfälischen Frieden. Vielmehr ist er angelehnt an einen Ausspruch aus der Bergpredigt: »Selig sind, die Frieden stiften, denn sie werden Gottes Kinder heißen« (Matthäus-Evangelium, Kapitel 5). Es soll also etwas für den Frieden getan werden, dort, wo Terror und Gewalt in der Welt herrschen, oder noch einfacher, gleich im persönlichen Umfeld. Damit anfangen kann man jeden Tag.

Zunächst jedoch soll der Gläubige schweigend durch die Stadt gehen, vom Gedanken des Friedens bewegt. Die vier Kilometer lange Pilgerstrecke ist aber auch für diejenigen geeignet, die es mit dem christlichen Glauben schwer haben und der Irrungen des Lebens müde sind. Kann man denn überhaupt im turbulenten Stadtzentrum innehalten? – Ja, das geht, überall! Jeder kann mitten in der lärmenden, hektischen Stadt nach Eingebung und Ruhe suchen: Es gibt keine langen Predigten – nur Bibelstellen zum Sinnieren an acht Stationen.

Den Weg zu Gott nicht nur spirituell, sondern ganz konkret zu gehen, passt perfekt zum Zeitgeist: Entschleunigung, Stille, sich fernab vom Alltag mit seinem Körper und seinem Geist zu beschäftigen – auch wenn es noch so laut um einen herum ist. Diese Orte entdeckt man mit Hilfe eines Flyers, der auf der Website zur »Spur des Friedens« heruntergeladen werden kann und auch in vielen Gemeindekirchen und im Dom ausgelegt ist. In Letzterem befindet sich praktischerweise im Kreuzgang auch gleich der Ausgangspunkt des Stadtpilgerwegs. Weitere Stationen sind das Heger Tor, das Mahnmal »Alte Synagoge«, das Schloss, die Katharinenkirche, der Tränenbrunnen in der Fußgängerzone, der Herrenteichswall und die Rathaustreppe. Aus diesem Pilgergang soll in der Stadt Kraft geschöpft werden, um mit Herz und Verstand im individuellen Umfeld den Friedensgedanken weiterzugeben. Wer im Sinne des Friedens denkt, wird sich selbst neu erleben, denn: Glücklich sind diejenigen, die Frieden stiften.

Adresse Domplatz, 49074 Osnabrück, Ansprechpartner für Führungen: Pastor Martin Wolter, Tel. 0541/5690169, m.wolter@osnanet.de | **ÖPNV** vom Neumarkt Bus M1, M5, Haltestelle Theater | **Tipp** Der mittelalterliche »Eselspatt« mit einer Länge von 21 Kilometern von Osnabrück nach Tecklenburg oder umgekehrt erinnert an politische und wirtschaftliche Beziehungen – Lastesel transportierten Waren zwischen diesen beiden Orten.

100 Das Staubsaugermuseum

Groß-WG für ältere Semester

Adrett wie Zinnsoldaten stehen sie in Reih und Glied an der Wand. Wir befinden uns in einem 60 Quadratmeter großen Keller mit rund 350 von insgesamt 600 Staubsaugermodellen, die immer mal wieder wechseln.

Bei näherer Betrachtung ist zunächst einmal die Vielfalt an Saugköpfen überwältigend: gläserne, massivhölzerne, allesamt in verschiedensten Formen. Dazu kommen noch 500 Küchen- und Elektrogeräte. Die Exponate unterschiedlicher Hersteller entstammen den Jahren 1910 bis 1980 – und sind noch funktionstüchtig!

Manche würden Matthias Werner für verrückt erklären, den Herrn dieser nicht gerade billigen Sammelobjekte. Er ist Raumausstatter, Museumsdirektor, Restaurator und Saubermann aus Leidenschaft. Als kleiner Junge spielte er statt mit Autos lieber mit Staubsaugern. Im Möbelgeschäft seiner Oma war nämlich stets ein Sauger der Firma Vorwerk im Einsatz. Später fing er zum Leidwesen seiner Eltern an, Sperrmüll nach Hause zu schleppen. Dann spezialisierte er sich auf die Putzhilfen, sein Lieblingshersteller blieb Vorwerk.

Spannend sind vor allem die handbetriebenen Stücke verschiedener Marken aus den 1910er und 1920er Jahren, denn erst 1927 wurde der Staubsauger elektrisch. Bei Vorwerk ging es 1930 mit dem ersten Sauger »Modell 30« los, im Museum eine Rarität, ebenso wie das »Modell 52«, das letzte in Braun hergestellte, bevor der Wechsel zum typischen Grün-Weiß vollzogen wurde.

Skurril sind die älteren Kobolde. Mit Flüssigkeit befüllt, dienten sie auch als Parfüm-Verteiler oder Mottentöter, frei nach dem Motto: »Wenn der Mann raucht, kann die Hausfrau die Luft waschen.« Es gibt Kobolde, mit denen man Haare trocknen, Betten lüften, Farbe und Insektenmittel versprühen oder Pferde und Kühe striegeln konnte – diese technische Spannweite zu bewahren, sieht Werner als seine Berufung an, denn selbst die Herstellerfirmen besitzen kaum noch historische Geräte aus den letzten 100 Jahren.

Adresse Töpferstraße, 49078 Osnabrück-Hellern, Anmeldung unter mobil 0172/5650670, Mattisos@gmx.de | **ÖPNV** vom Neumarkt Bus M 4, Haltestelle Töpferstraße | **Öffnungszeiten** vorerst sind die Objekte über Facebook unter Staubsaugermuseum zu sehen, demnächst wieder nach Voranmeldung immer am Wochenende | **Tipp** Deutschlands älteste Artenschutz-Betreuungsstation liegt in Hellern, Zum Flugplatz 11.

101 Die Tribüne im Moskau

In der Wüste baden mit Dschungel-Seilgarten

Was dem Dodesheider sein Nettebad, ist dem Wüstenbewohner sein Moskaubad. Das Nettebad hat als einziges Schwimmbad europaweit die »Loop«-Rutsche mit 18,5 Metern Höhe und 95 Metern Länge. Das Moskaubad hingegen ist eine der ersten öffentlichen Erholungseinrichtungen überhaupt aus dem Jahr 1926. Sonne, Licht und Luft sollten der einseitigen körperlichen Arbeitsbelastung und dem Mief kaiserzeitlicher Miethaussiedlungen entgegenwirken.

Typisch für die Architektur der Zeit sind der Klinkerstein und architektonisch einfache Formen. Kernstück ist die historische Sitztribüne, an den Enden jeweils geziert von zwei pagodenartigen Türmen. Das einstige 100-Meter-Becken wurde zugunsten olympischer Normen längst geteilt. Als ehemals reines Freibad verfügt das Moskaubad seit 1998 über eine Kleinschwimmhalle, mit der die Schließung des Hallenbades am Pottgraben kompensiert werden sollte. Damals verschmolz die Tribüne mit der sehr eigenständigen und klaren Architektur, heute ist sie Bindeglied zwischen Torhaus und modernem Hallenbad.

2016 entstand der drei Meter hohe Kletterparcours mit 14 Stationen. Der Seilgarten schmiegt sich idyllisch entlang des kleinen Bachs am urigen Baumbestand an die Liegewiese.

Um 1789 sprudelte hier eine Quelle, und die »Quirllsche Papiermühle« wurde von einer Kolonie holländischer Papiermacher namens »Moskau« gebaut. Zu dieser Zeit gehörte Osnabrück vorübergehend zur Republik Frankreich, bis die Franzosen in Russland die verheerende Niederlage ereilte. Froh darüber, soll sich die Kolonie »Moskau« genannt haben. Das um 1808 an dieser Stelle entstandene Kaffeehaus übernahm den Namen. Eine andere Theorie besagt, dass 1813, nach Auflösung der Mühle, Donkosaken, ehemalige Angehörige der napoleonischen Armee, in diesem Gebiet Fuß fassten. Deren Anwesenheit verleitete den Volksmund dazu, diesem Teil der Wüste den Namen Moskau zu geben. Inzwischen sagen Bewohner scherzhaft, der Stadtteil sei riesig, er reiche von der Wüste bis nach Moskau.

Adresse Limberger Straße 47, 49080 Osnabrück, Tel. 0541/20022290, www.moskaubad.de | **ÖPNV** vom Neumarkt Bus 19, Haltestelle Moskaubad | **Öffnungszeiten** www.facebook.com/moskaubad/?locale=de_DE, Hallenbad: www.stadtwerke-osnabrueck.de/moskaubad/oeffnungszeiten/hallenbad, Freibad: ab 13. Mai täglich 6–20.30 Uhr | **Tipp** Der Maler und Pädagoge Theodor Fritz Koch, der als Chronist Osnabrücks zwischen den beiden Weltkriegen gelten kann, hielt die Stadt in vielen farbigen Bildern fest. In Amerika avancierte er zum ersten männlichen Kindergärtner, übrig geblieben ist nur noch der Theo-Fritz-Koch-Weg.

102 Die Turnhalle des VfL

Wo Kaniber seine Stollen schraubte

Tausende Männer strömten die Friedrich-Ebert-Straße hinunter. Ein Mann in schwarzem Trikot mit einem Ball unter dem Arm kam aus der Turnhalle heraus, die neben der Straße lag. Er blieb auf der Treppe stehen. Fußballspieler in Lila-Weiß drängten sich die Treppe herunter. Andreas Burose, der Torwart des VfL Osnabrück, nahm grinsend den Ball hoch und warf ihn auf den Hinterkopf von WiIli Mumme, des Linksaußen des VfL. Der Ball sprang hoch. Burose fing ihn wieder auf. Alle Spieler lachten.

Die Männer auf der Straße schauten herüber. Ihre Mannschaft, der VfL Osnabrück der Saison 1968/69, die »Bayern des Nordens«, wie die Bild Zeitung titelte, schlenderte strotzend vor Selbstbewusstsein zu den Zuschauern und ging scherzend mit ihnen zum Stadion Bremer Brücke. An diesem sonnigen Nachmittag schlug Osnabrück den VfL Wolfsburg mit 2:0. 48.000 Tagwerke des »Arbeitsdienstes« und 3.000 Wagen mit Hausmüll waren in den 1930er Jahren für den Bau des Stadions Bremer Brücke nötig.

Im alten Arbeiterviertel, im Schinkel, kämpfte der VfL Anfang der 50er Jahre um die Deutsche Meisterschaft und zwischen 1969 und 1973 fünfmal um den Aufstieg in die Bundesliga. Bis zu 37.000 Zuschauer füllten die Arena bei Spitzenspielen.

Komfort gab es nicht. Die Spieler mussten manchmal zum Umkleiden in die an der Ebertallee liegende Turnhalle der Kreuzschule, um sich dort wie Kaniber, der legendäre Torschützenkönig der Meistersaison 1968/69, die Stollen unter die Fußballschuhe zu schrauben.

Die Atmosphäre des gemeinsamen »Einmarschs der Gladiatoren« und ihrer Fans kann man immer noch spüren, wenn man unter den Bäumen der Ebertallee vorbei an der alten Turnhalle Richtung Osnatel-Arena an der Bremer Brücke entlanggeht – heute ein modernes Stadion. Wer damals dabei war, hört immer noch das Klackern von Kanibers Stollen auf der Straße.

Im VfL-Museum an der Arena findet sich zusätzlich Nostalgisches.

Adresse Kreuzstraße 15, 49084 Osnabrück | **ÖPNV** vom Neumarkt Bus M4, Haltestelle Bremer Brücke | **Tipp** Ein Gedenkstein für den ersten Arzt im Schinkel, Dr. Benno Grothaus (1885–1948), befindet sich in der Grünanlage an der Schützenstraße, Ecke Wesereschstraße. Unermüdlich war der Doktor mit seinem Fahrrad unterwegs, seit Anfang der 1930er Jahre mit Kraftwagen, Fahrer, Boxer-Hund und dicker Zigarre.

103 Die Uhu-Lampe

Das will jeder Junge, wenn er groß ist

In der Altstadt steht eine Burg, die eigentlich ein mittelalterliches Steinwerk ist. Am Eingang wird man von einem starr glotzenden Uhu in Form einer gusseisernen Lampe empfangen, im Inneren hausen »unechte« Ritter – ausschließlich Männer in gesicherter Position. Der Orden gehört zum fröhlichen »Reyche Schlaraffia Ossenbrugga«. Für dessen Mitglieder symbolisiert der Uhu Tugend, Weisheit und Humor. Einmal wöchentlich gibt sich der erlauchte Kreis ein geselliges, musikalisches und auf Tische hauendes Stelldichein. In einer Art Rollenspiel, das einer Parodie auf das Rittertum des Mittelalters gleicht, werden Regelzeremonien in Rüstungen (Kittel) und Helmen (Schlumpfmützen) aus Stoff in blau-schwarzer Reychsfarbe ausgeführt. Hier können Herren, oft jenseits der Pensionsgrenze, das Kind im Manne ausleben. So viel Folklore zeigt sich selten außerhalb der Karnevalszeit.

Die seriösen Ursprünge der spaßigen Ritter liegen in Prag. Opernsänger Albert Eilers gründete 1859 einen Männerbund mit dem Namen »Proletarierclub«, um sich von der in Prag dominierenden elitären Oberschicht abzugrenzen. Dem Geiste der Romantik verpflichtet, pflegte der Bund Freundschaft, Kunst, Humor und Bruderliebe. Anfang des 20. Jahrhunderts gründete sich die »Schlaraffia Ossenbrugga«, die heute weit über 10.000 Mitglieder in 264 Verbänden auf allen Kontinenten zählt.

Die um 1230 erbaute »Haseburg« mit Gewölbesaal wurde von den Schlaraffia-Rittern durch eine Spendenaktion vor dem Abriss gerettet. Ihr kleines Museum im selben Haus zeigt Kuriositäten, aber auch Erinnerungsstücke wie die im Ersten Weltkrieg im sibirischen Gefangenenlager angefertigte Fahne, um das schlaraffische Spiel provisorisch weiterführen zu können.

Außerhalb ihrer Sippungen sind die Schlaraffen an einer kleinen weißen Perle, der »Rolandnadel« am linken Revers oder einem Aufkleber mit blinzelndem Uhukopf am Fahrzeug erkennbar.

Adresse Dielinger Straße 14 (Hinterhof), 49074 Osnabrück, www.schlaraffia-ossenbrugga.de | **ÖPNV** vom Neumarkt Bus 10, 11, 15, 586, M2, Haltestelle Heger Tor | **Tipp** An beiden Häuserseiten beim Durchgang zum Steinwerk hängen Bronzeplatten vom »Stüve-Denkmal« von 1882, die sich ursprünglich an dessen Sockel befanden. Abgebildet sind Motive aus dem Leben Johann Carl Bertram Stüves, von 1852 bis 1864 Bürgermeister der Stadt.

104_Das Wahrzeichen

Kleines Bild mit großer Geschichte

»Anno Christi 1690«, steht als Entstehungsdatum auf dem obersten Querbalken vom Hotel-Restaurant Walhalla im Barock-Fachwerkbau. Sehr viel späteren Datums ist das unscheinbare farbige Sandsteinrelief von 1931 in etwa zwei Meter Höhe an der linken Brandmauer. Die ursprüngliche Ratsschänke erhielt den heutigen Namen Walhalla von seinen späteren Besitzern. In der nordischen Mythologie ist »Valhöll« ein Heldenparadies und zugleich Odins Festhalle, wohin die Walküren die auserwählten Kämpfer zu Odins himmlischem Gastmahl brachten.

Auf dem Relief erkennt man eine im wehenden Mantel eilig die Treppe hinabsteigende, drohende Alte. Vor ihr sitzt der Teufel auf einem Kochtopf über dem brennenden Herd, verrichtet darin seine Notdurft, um das Essen zu verderben, und macht eine lange Nase.

Dieses angebliche Wahrzeichen Osnabrücks, dessen mittelalterliches Original am Turm der Marienkirche angebracht war, mussten Handwerksgesellen auf der Walz als Nachweis für den Stadtbesuch abmalen. Mit der durch Kaiser Friedrich Barbarossa beurkundeten Verleihung von Stadtrechten im letzten Drittel des 12. Jahrhunderts gewann die Marienkirche an Bedeutung. Und zwar als Markt- und Pfarrkirche für eine nun sesshaft gewordene Gemeinschaft, die sich aus Handwerkern und Kaufleuten zusammensetzte. Sie wurde zur ersten Osnabrücker Bürgerkirche.

Wieso das Bild mit der Geschichte von Großmutter und dem Teufel nun am Walhalla angebracht ist, wurde folgendermaßen überliefert: Ein italienischer Künstler, der das Schloss restaurierte und im Walhalla logierte, soll hier auf eine angetrunkene Gesellschaft getroffen sein. Diese verpflichtete den Künstler aufgrund einer Wette, die zur allgemeinen Belustigung erzählte Geschichte vom Teufel und seiner Großmutter bildlich darzustellen. Die Vorlage an der Marienkirche war damals beinahe bis zur Unkenntlichkeit verwittert. Bis heute ist nicht ganz klar, wie dieses Thema im Original abgebildet war.

Adresse Bierstraße 24, 49074 Osnabrück | **ÖPNV** vom Neumarkt Bus 10, 11, 15, 586, M2, Haltestelle Heger Tor | **Tipp** Bis 1935 stand das Denkmal des zweimaligen Bürgermeisters Osnabrücks Carl Bertram Stüve (1798–1872) von Heinrich Pohlmann vor der Marienkirche. Im Kohlekeller des Museums am Heger Tor überlebte es die NS-Zeit, und seit 1948 steht es in der Grünanlage vor der Volkshochschule, dem ehemals ersten Stadtkrankenhaus (Bergstraße 8).

105 Das Wappenrad

Das Signum der Bischofsstadt auf Gullydeckeln

Wer aufmerksam durch die Innenstadt geht, entdeckt an vielen Gebäuden das sechsspeichige Wappenrad: an der Hohen Brücke bei der Vitischanze, an der Angersbrücke, im Giebelwappen der Bischöflichen Kanzlei, das 1944 abgebrochene Rad des Süd-West-Turmes vom Dom, im Rathaus, am Gebäude der Stadtwaage, an der oberen Front der Volkshochschule. Sie finden sich überall – auch auf dem Boden. Alte und neue Motivschachtdeckel (Gullys) bilden beeindruckend das Wappenrad ab.

Das Rad als Münzzeichen des Hochstifts Osnabrück ist schon in Siegeln des 13. Jahrhunderts nachgewiesen, dort ist es allerdings achtspeichig. Dieses wird als »Glücksrad«, noch eher aber als »Currus Dei« – Gotteswagen oder Wagen der Kirche – gedeutet. Denn das Wappen wurde zuerst vom Bischof geführt, dessen Amtsführung mit dem Lenken des göttlichen Wagens gleichgestellt wird. In der christlichen Ikonografie steht das Rad sinnbildlich für die heilige Katharina von Alexandrien, eine Märtyrerin. Um Christus zu ehren und jungfräulich zu bleiben, verschmähte sie die Heirat mit dem römischen Kaiser Maxentius (305-312 nach Christus). Sie wurde auf ein Rad gebunden, das wie durch ein Wunder zerschellte; gleichzeitig starben 4.000 Ungläubige. Dennoch ließ der Kaiser sie danach enthaupten. Das Rad symbolisiert ihre Opferbereitschaft, ihre Demut, aber auch ihren Triumph über die Feinde. Im Selbstverständnis des städtischen Rats diente es in der Folgezeit als Sinnbild der rechtlichen Führungsposition im Schutze Gottes.

Die sechsspeichige Darstellung ist seit etwa 1330 belegt. Die Farbe des Rads wechselte im Laufe der Jahrhunderte von Rot zu Schwarz auf silbernem Grund. Heute ist das Rad des Bistums rot und symbolisiert die Kirche im Lauf der Zeit. Für die Stadt entwickelte sich die Kontrastfarbe schwarzes Rad. Wenn die Stadt das Wappen ihres Stadtherrn (Landesherrn) übernimmt weist es auf ihre anfangs noch sehr schwache Stellung hin.

Adresse Innenstadt ab Theater, Domhof 10/11, 49074 Osnabrück | **ÖPNV** vom Neumarkt Bus M1, M5, Haltestelle Theater | **Tipp** Die heilige Katharina ist außen über der Tür der Katharinenkirche als Skulptur und innen am Lesepult mit Szenen aus ihrem Leben zu sehen.

106 Das Wasserwerk

Klasse Wasser

»Ich will ein Fisch im Wasser sein«, sang Nina Hagen. »Ich will reinlich sein«, summt Osnabrück – und trinkt sich dabei gern einen auf den Durst. Wie geht das zusammen?

In Düstrup im Wasserwerk werden täglich 9.000 Kubikmeter Trinkwasser gefördert, ein Drittel des Bedarfes der Stadt. Etwa zwei Drittel fließen aus den Wasserwerken Thiene und Wittefeld im Norden zu. Mit 45 Litern pro Kopf duscht und badet sich der saubere Osnabrücker täglich, mit fünf Litern löscht er seinen Durst.

Nur wenige Großstädte sind noch partielle Trinkwasserselbstversorger. Bebauung und Umweltbelastungen verhindern dies zu oft. Mit strengen Auflagen in der Trinkwasser-Schutzzone, die Teile von Voxtrup, Düstrup und den Fledder umfasst, bildet Osnabrück eine Ausnahme. Ein hohes Gut, das es zu bewahren gilt.

1908 nahm das Wasserwerk an den Sandforter Quellen seinen Betrieb auf. Choleraepidemien mit Hunderten von Toten hatten vorher auch in Osnabrück gewütet und der Selbstversorgung aus Privatbrunnen und der Hase ein Ende gesetzt.

Und was ist jetzt mit Fisch und Nina Hagen? Noch vor rund 25 Jahren befand sich ein großes Aquarium im Wasserwerk, gespeist aus den Trinkwasserbrunnen. Darin schwammen Fische als biologische Wasserkontrolleure, aufmerksam und penibel. Der größte hieß Kuno und fächelte gern in Augenhöhe des Besuchers mit seinen Flossen. »Machst einen guten Job«, sagte mancher. »Dafür wirst du garantiert wiedergeboren – als Nina Hagen«, grinste ein anderer. Kuno fiel die Kinnlade runter.

Der schöne weiße Wasserwerkbau im Jugendstil in einer Parkanlage mit Seerosenteich beinhaltet mit zehn Brunnen, drei Quellfassungen und einer Sickerleitung auch sehenswerte Wassertechnik. Seit 2005 sorgt eine in Deutschland einzigartige Membran-Filtrationsanlage für die Qualitätssicherung des Wassers. Besichtigen kann man das Werk mit moderner Fördertechnik nach Anmeldung.

Adresse An der Wasserwerkstraße 32a, 49086 Osnabrück | ÖPNV vom Neumarkt Bus M1, Haltestelle Düstrup | Öffnungszeiten Besichtigung nach Anmeldung bei den Stadtwerken, Tel. 0541/20023122 | Tipp Zu empfehlen ist der nahe gelegene Wanderweg »Vokko« von 3,5 Kilometern Länge in Voxtrup. Er führt vorbei am Gut Sandfort, dem Sandforter Berg, Waldstrecken und dem Sandforter Bach (www.buergerverein-voxtrup.de).

107 Der Zebrastreifen

Zebras, Beatles und ein Schachbrett

Das Zebra der afrikanischen Steppe ist nicht vom Aussterben bedroht. Zebrastreifen allerdings schon.Selbst die berühmtesten der Welt vor den Abbey Road Studios in London, über die an einem heißen Augustvormittag 1969 John Lennon, Paul McCartney, George Harrison und Ringo Starr paradierten, sollten weg. Ständig wurden die Streifen von Unmengen an Beatles-Touristen abgelaufen. Und gefährlich war das Ganze wegen der vielen Fans, die das »Abbey Road«-LP-Cover nachstellten, erst recht. Doch bevor die Verkehrsbehörden einschritten, wurden die Zebrastreifen von der britischen Regierung zum nationalen Kulturgut erhoben. Die Streifen blieben.

Auch in Osnabrück gibt es besondere Zebrastreifen. Sie liegen seit 2001 am Domhof zwischen Stadttheater und Dom. Aber sind es überhaupt welche? – Eins nach dem anderen.

Zuallererst: Auch in Deutschland wird den Zebrastreifen unserer Kindertage der Garaus gemacht. Denn Unfallanalysen zeigen: Sie sind unsichere Kantonisten und gaukeln dem Fußgänger eine Sicherheit vor, die ihm der Autofahrer nicht gibt. So erlaubt die Straßenverkehrsordnung Zebrastreifen nur noch in Ausnahmefällen und unter Begleitschutz von Schildern und Lichtsignalen.

Deshalb wird auch in Osnabrück immer wieder über den Zebrastreifen am Domhof diskutiert. Aber wie schon gefragt: Ist er überhaupt einer? Nein, sagt die Polizei. Denn ein Zebrastreifen muss eine Streifenstruktur haben. Die hat dieser aber nicht, sondern ein Schachbrettmuster. Ergo hat das Muster keine verkehrsrechtliche Bedeutung. Es gilt also allein die angegebene Vorfahrtsregelung. Kein Autofahrer muss einem querenden Fußgänger auf dem Schachbrett Vorrecht einräumen.

Aber, sagt die Stadt Osnabrück, durch das Muster wird man aufmerksam, vorsichtiger. Die Rücksicht nimmt zu. Und so bleibt auch dieser Zebrastreifen, der keiner ist, wo er ist.

Nicht für alles brauchte es also John, Paul, George und Ringo.

Adresse Kreuzung Lortzingstraße / Domhof / Kleine Domsfreiheit, 49074 Osnabrück | ÖPNV vom Neumarkt Bus M1, M5, Haltestelle Theater | Tipp Im nahe gelegenen Barenturm bei der Vitischanze, Hasemauer 19, sitzt seit 1985 der Schachverein Osnabrück. Besucher sind herzlich willkommen! www.svosnabrueck.de. Und ein Schachbrett befindet sich auf dem Ledenhof, eingelassen in die Betonabgrenzung des rot gepflasterten Platzes.

108 Der Rochusberg

Im Land der 13 Hügel und Riesenhaie

Osnabrück, eigentlich eine solide Haut, überkommt unerklärlicherweise immer wenn es um seine Anhöhen geht, die Großmannssucht. Aber die Stadtkarte weist nun mal nur 13 Berge aus: Rochusberg, Budenberg, Schölerberg, Harderberg, Gesmoldsberg, Westerberg, Piesberg, Gertrudenberg, Haster Berg, Limberg, Schinkelberg, Lüstringer Berg und Sandforter Berg. Der Osnabrücker Alpenverein bietet Wanderungen auf deren Gipfel an. Das hört sich für manchen vielleicht nach Eigernordwand, Luis Trenker in Lederhosen und Yeti an – aber keine Bange, das bleibt Ihnen erspart. Der höchste »Stadtberg«, der Piesberg, bringt es gerade einmal auf 188 Meter. Denn Osnabrück liegt im Tal von Wiehengebirge und Teutoburgerwald, beide älter als die Alpen und längst von Erosion abgeschliffen.

Viele Osnabrücker »Berge« sind bebaut. Doch der Rochusberg, mit knapp 170 Metern die zweithöchste Erhebung, ist es nicht. Ganz im Südosten liegt er, grün und still. Von der Haltestelle geht es in den grünen Hohlweg »Zum Zittertal« und nach circa 1,2 Kilometern rechts die Straße »Zum Rochusberg« hoch. Auf dem Hügel biegt man nach einer Spitzkehre vor den fünf Eichen, die Caspar David Friedrich gemalt haben könnte, einige Schritte in den Feldweg ein. Etwa 300 Meter westlich, hinter den Feldern, liegt als bewaldete Anhöhe der Rochusberg. Der Blick von hier ist der schönste, weil der Berggipfel selbst von Bäumen gesäumt ist. Weit sieht man hier ins Land, den Sandforter Berg im Norden und die Ausläufer der Stadt, im Nordwesten den Fernsehturm.

Doch nicht immer war dies eine Idylle. Vor 240 Millionen Jahren lag hier ein paläontologisches Meer, das Jagdrevier riesiger Haie und schwimmender Raubsaurier. Noch heute finden sich im Steinbruch Sundermeyer direkt östlich des Zittertals, an der Straße »Am Papenbrink«, versteinerte Meerestiere.

Rom ist älter und größer als Osnabrück. Rom ist berühmter als Osnabrück. Rom hat sieben Hügel, Osnabrück aber 13!

Adresse westlich der Straße Zum Rochusberg, 49143 Uphausen/Bissendorf | **ÖPNV** vom Bahnhof Bus 13, Haltestelle Uphausen-Eistrup Zittertal, Fußweg zum Rochusberg, 16 Minuten | **Tipp** Der Landgasthof Zittertal, an der ehemaligen Kirchenspielvogtei von 1529 gelegen, hat seit 1913 seine Schankwirtschaftslizenz und heute die beste Erdbeertorte der Gegend (An der Zitterquelle 1, 49143 Bissendorf, www.zittertal.de).

109 Der größte Baum

Gut Ding will Weile haben

Der »Mann der Kohle« Johann Rudolf Pagenstecher, Bergwerksdirektor der Piesberger Zeche, pflanzte im Garten seiner Villa 1860 einen exotischen Riesenmammutbaum, heute größter Baum im Osnabrücker Land, und entwickelte damit die Anfänge eines Baumparks. Erst 150 Jahre später erwachte das Areal mit Unterstützung von Stadt und Sponsoren wieder zu neuem Leben. Zum inzwischen 42 Meter hohen und zu einem gewaltigen Umfang von 6,7 Metern herangewachsenen Koloss sind weitere knorrige Artgenossen wie Urweltmammut- und Tulpenbaum, Sumpfzypresse, Andentanne, Schirm-Magnolie und Ginkgo hinzugekommen. Der immergrüne Gigant Riesenmammutbaum gilt als der dem Volumen nach größte Baum der Erdgeschichte und kann noch zwölf Meter Stammdurchmesser und eine Höhe von 95 Metern erreichen. Diese Pyrophyten sind an Feuereinwirkung angepasst, ihre dicke, faserige Rinde schützt sie bei Waldbränden. Bleibt abzuwarten, wann der Osnabrücker in die Liste der dicksten Mammutbäume Deutschlands aufgenommen wird, denn er hat ja erst 150 Jahre auf der Borke und kann noch 3.000 Jahre älter werden.

Wer beim Spaziergang auf dem Rundwanderweg um den Piesberg, der mit seinen 300 Millionen Jahren Erdgeschichte zum Geopark TERRA.vita gehört, dem Fußweg zum östlich gelegenen Park folgt, kommt auch an einem alten Pumpenhäuschen vorbei. Früher hat es das abfließende Regenwasser bergauf zur alten Villa Pagenstecher gepumpt. Pagenstecher (1808–1891) hat das Piesberger Bergwerk mit seinem Kohleabbau zu einem der wichtigsten Industriebetriebe der Region gemacht, baute eine holländische Windmühle in Lechtingen und hinterließ uns den Baum mit seiner schwammig-weichen Borke, den man auch mal richtig umarmen darf. Doch auf den Friedhöfen gab es keine anerkennende Familiengrabstelle. 2016 stifteten ihm seine Nachkommen endlich einen Gedenkstein auf dem Hasefriedhof.

Adresse Arboretum am Osthang des Piesbergs, Osnabrücker Straße 110; erreichbar ist es über den Rundwanderweg Piesberg oder über den Parkplatz an der Straße »Im Quellengrund«, 49134 Wallenhorst | ÖPNV vom Bahnhof Bus 583, 584, 585, 586, Haltestelle Lechtingen Mammutbaum | Tipp In der Nähe des Baumparks befindet sich der etwa zweistündige Rundwanderweg Piesberg mit mehreren Aussichtsplattformen.

110_Der Kletterwald

Manche mögen's bedrohlich, andere beschaulich

In schwindelerregenden Höhen balanciert man im malerischen Laubwald des Nettetals über wackelige Hängekonstruktionen von einem Baum zum anderen, das erfordert Mut. Bis zu 13 Meter hoch kann man sich »einklinken«. Die Kletterer können sich für sechs verschiedene Parcours mit unterschiedlichen Schwierigkeitsgraden auf einer insgesamt 600 Meter langen Strecke entscheiden. Achtung: Wer unter zwölf Jahren alt ist, muss einen erwachsenen Begleiter mitbringen. Zum nächsten, doch um einiges ruhigeren Spaß lädt die angrenzende, idyllisch gelegene Minigolf-Anlage ein.

Wer sich danach stärken möchte, geht den Hügel zum Gasthaus Knollmeyer am Flüsschen Nette hinab. Bei gutem Wetter sitzt man auf massiven Eichenbänken unterm Kastaniendach im Biergarten. Von dort aus sind die waghalsigen Baumakteure gut zu beobachten.

Auf der anderen Seite der Nette steht die historische Mühle mit mittelschlächtigem Wasserrad, deren erste urkundliche Erwähnung 1253 im Zusammenhang mit dem Staurecht auftaucht. In den Besitz der Mühle gelangte die Familie Knollmeyer dank Napoleon. Denn als der Anfang des 19. Jahrhunderts Deutschland neu ordnete und den Besitz der kirchlichen Institutionen verstaatlichen ließ, fiel die Mühle an das Kurfürstentum Hannover, das die Mühlenpacht in Erbpacht umwandelte und die Mühle versteigerte.

1815 ersteigerte Georg Heinrich Knollmeyer die Mühle in Erbpacht, 1852 konnte er die Mühle schließlich richtig erwerben. Aus einem Umkreis von 20 Kilometern kamen die Landwirte auf Kutschen ins Nettetal, um ihr Getreide mahlen zu lassen. In der Wartezeit gab es viel Bier und Schnaps zu verköstigen, bis aus diesem Brauch heraus langsam eine Schankwirtschaft entstand.

In alter Familientradition führte Ansgar Knollmeyer den Hof und die Mühle bis 2021. Alle zwei Wochen wurde noch eine Tonne Mehl produziert. Nun steht alles zum Verkauf – während das Wasser der Nette kontinuierlich weiterfließt.

Adresse Nettetal 4, 49134 Wallenhorst, Tel. 0541/99899841, www.teamotion.de/kletterwald-osnabrueck.html, www.minigolf-nettetal.de, www.knollmeyersmuehle.de | **ÖPNV** vom Bahnhof Bus 14, Haltestelle Rulle Wellenkamp | **Tipp** Ein Wanderweg führt zu der Festungsruine der Wittekindsburg aus dem 7. bis 9. Jahrhundert, die verborgen im nahen Wald liegt. Der Sage nach soll Widukind, der Heerführer der Sachsen, die Wittekindsburg als Rückzugsfeste benutzt haben.

111 Das Mausefallen-Museum

Nagetiere auf der Flucht

Weiß strahlt sie von Ferne. Der Geruch frisch gemahlenen Mehls steigt einem in die Nase. Wind dreht die Flügel. Technikinteressierte stürzen sich auf Transmissionen und Mechanik.

Der Galerieholländer mit Windrose und Segelflügeln wurde 1887 von Johann Rudolf Pagenstecher in Lechtingen erbaut. Die einstige Ruine ist nach mehrjähriger Sanierung von stolzen Vereinsmitgliedern instand gesetzt worden – und seit 1987 voll funktionsfähig. Eines der beiden Mühlenräder kann elektrisch, das andere mit Windenergie betrieben werden.

Zu sehen gibt es auch einen »Fuchs«, einen Fangstock, der außen von der Galerie aus bei Problemen zum Anhalten oder Lösen der Mühlenflügel benutzt werden kann. Alten Überlieferungen zufolge sorgte er auch für das Hinausleiten von Feuer und das In-Schach-Halten der Mäusepopulation.

Denn Mühlenromantik hat immer auch einen Haken. Wo Getreide lagert, versammeln sich natürlich hungrige Mäuse. So kam Sammler Wolfgang Himmel auf die Idee, nebenan im Trafoturm ein winziges Museum mit passender Thematik einzurichten: Mausefallen aus aller Welt und allen Epochen. Statt Starkstrom kann man sich seit 2013, etwas makaber, rund 120 Würg-, Wipp-, Wasser-, Reusen-, Hammer-, Schnapp- und Rattenfallen zum Fangen, Töten oder Lähmen der possierlichen Tierchen ansehen.

Die Mini-Grundfläche fasst nicht alle Exponate, und so wandern sie nun in einer Art Paternoster mit Hilfe einer Kurbel in Endlosschleife am Auge des Betrachters vorbei. Doch auch Humor steckt in der Ausstellung, wie die Installationen »Schuldenfalle« oder »Abseitsfalle« beweisen.

In der Mühle befinden sich eine Spinnerei, eine Weberei und ein Bioladen, der jeden Samstag von zehn bis zwölf Uhr geöffnet hat.

Adresse Mühlenstraße 45, 49134 Wallenhorst, www.windmuehle-lechtingen.de | ÖPNV vom Bahnhof Bus 584, Haltestelle Weißes Moor, Bus 14, Haltestelle Steinkamp | Tipp Eine der ältesten Kirchen des Bistums Osnabrück ist Sankt Alexander. Der Sage nach baute Karl der Große sie nach dem Sieg über Wittekind auf einem Heidentempel. Obenauf setzte er eine Henne zum Zeichen, dass sie die übrigen Kirchen ausbrüte (Im Alten Dorf 5–7).

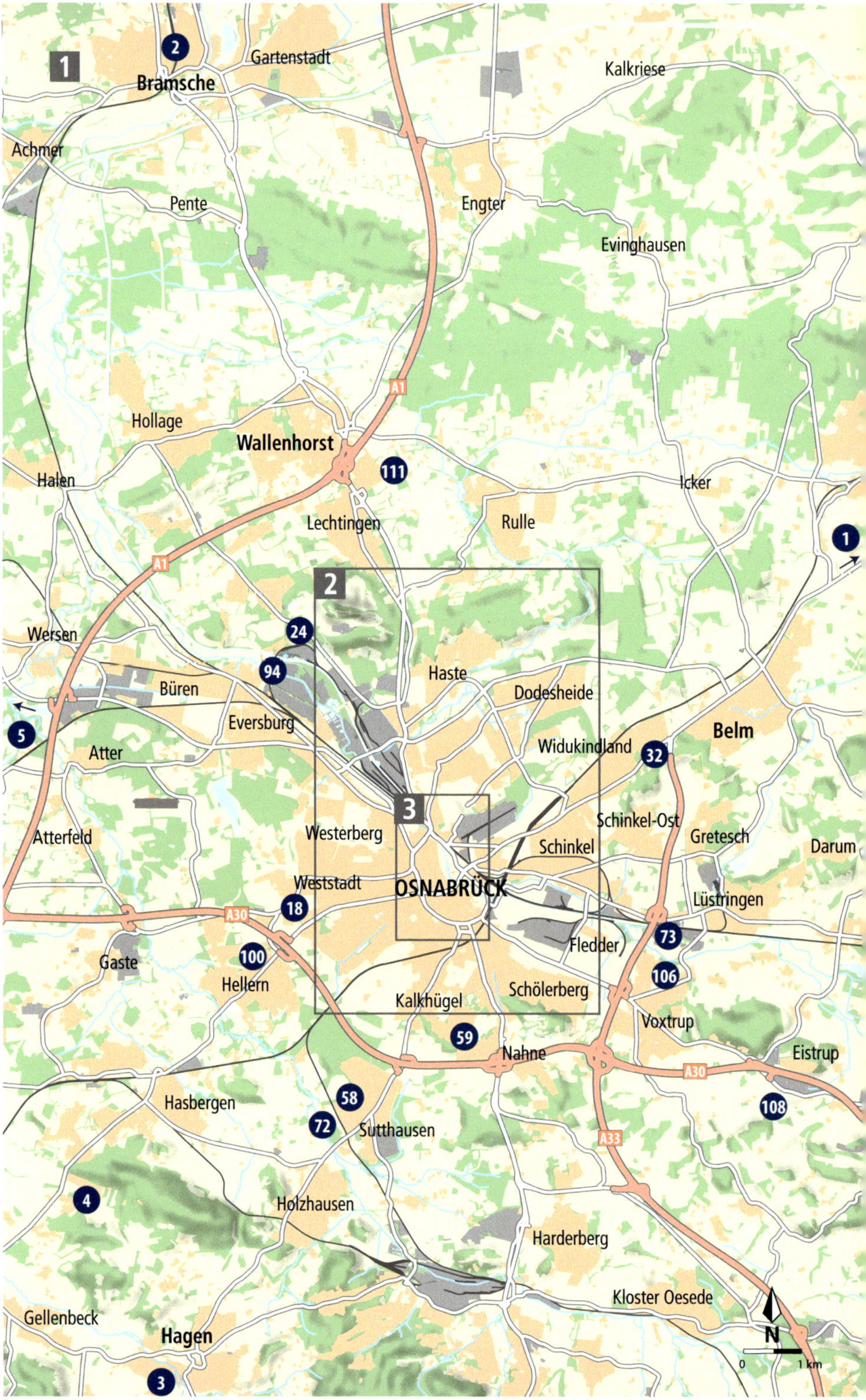

1
2
Bramsche
Gartenstadt
Kalkriese
Achmer
Pente
Engter
Evinghausen
A1
Hollage
Wallenhorst
111
Halen
Lechtingen
Rulle
Icker
1
2
Wersen
24
94
Haste
Dodesheide
Büren
Eversburg
5
Atter
Widukindland
32
Belm
3
Westerberg
Schinkel-Ost
Atterfeld
Schinkel
Gretesch
Darum
Weststadt
OSNABRÜCK
Lüstringen
18
A30
73
100
Fledder
Gaste
Hellern
106
Kalkhügel
Schölerberg
Voxtrup
59
Nahne
Eistrup
A30
58
Hasbergen
108
72
Sutthausen
A33
4
Holzhausen
Harderberg
Kloster Oesede
Gellenbeck
N
Hagen
0
1 km
3

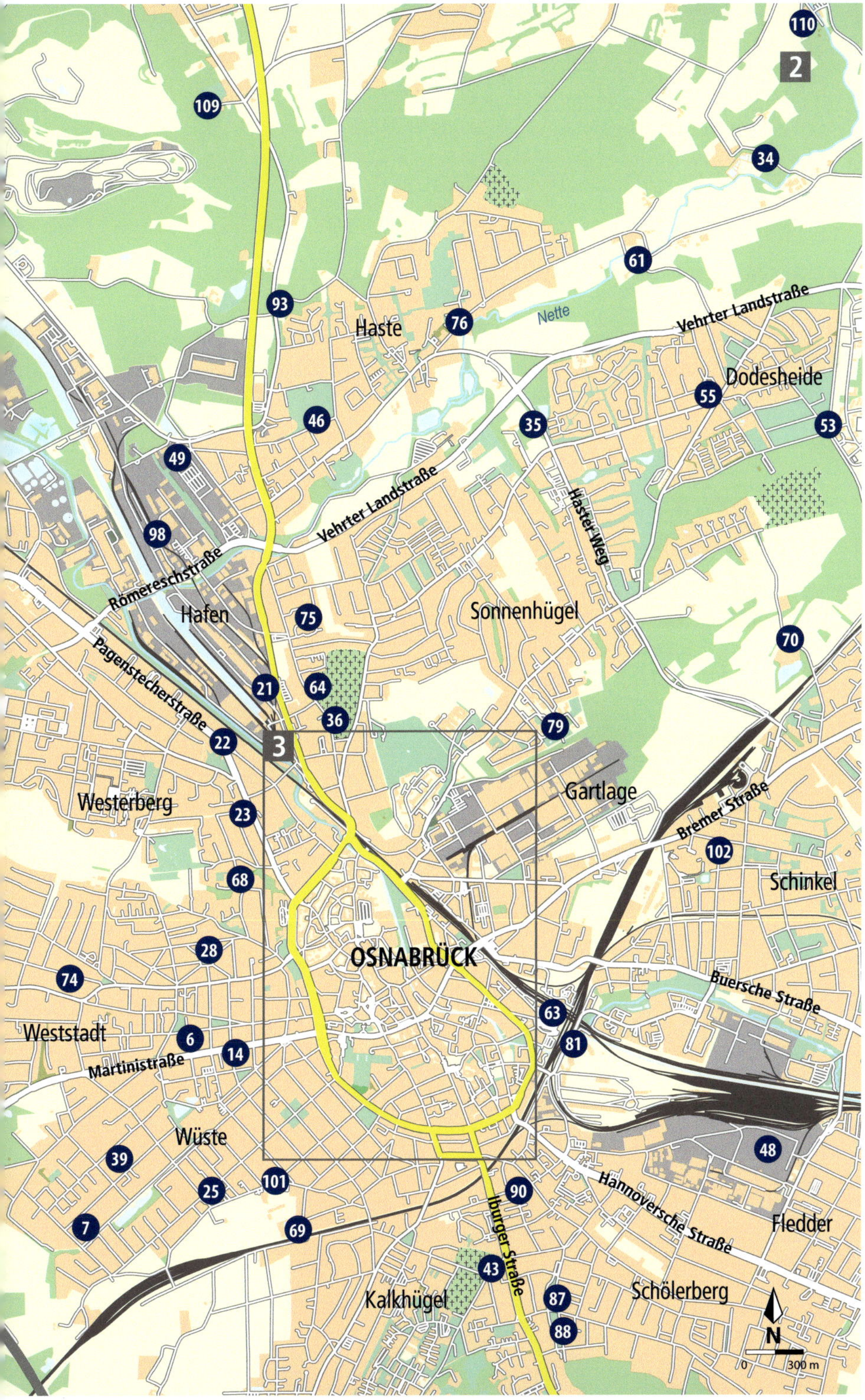
2
110
109
34
61
93
Haste
76
Nette
Vehrter Landstraße
Dodesheide
55
53
46
35
49
Vehrter Landstraße
Haster Weg
98
Römereschstraße
Hafen
75
Sonnenhügel
70
Pagenstecherstraße
21
64
36
79
22
3
Westerberg
23
Gartlage
Bremer Straße
102
68
Schinkel
28
OSNABRÜCK
74
Buersche Straße
63
Weststadt
6
14
81
Martinistraße
Wüste
48
39
101
90
25
Hannoversche Straße
7
69
Iburger Straße
Fledder
43
Kalkhügel
87
Schölerberg
88
N
0
300 m

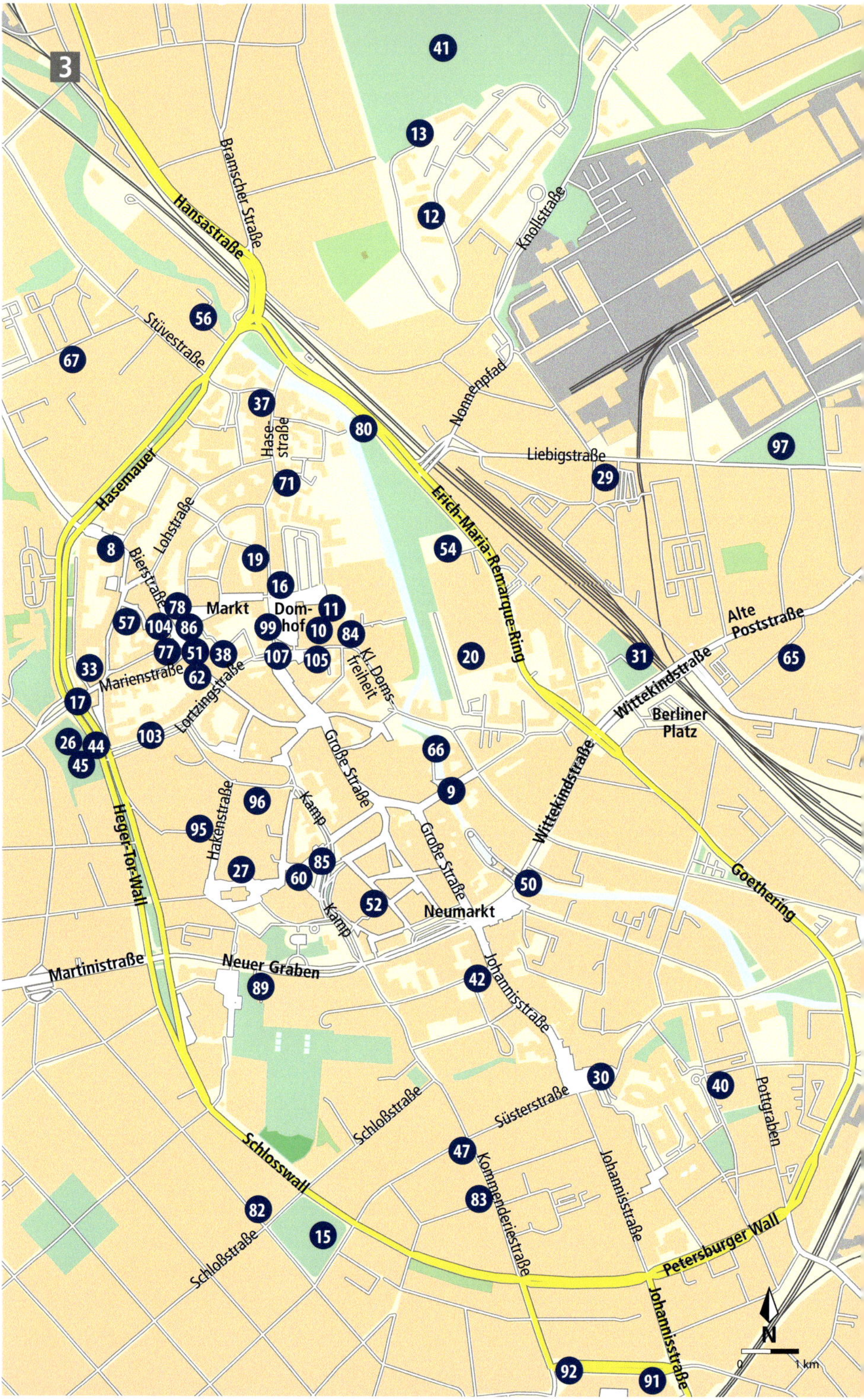
3
Hansastraße
Bramscher Straße
Knollstraße
Nonnenpfad
Stüvestraße
Hasemauer
Hase-
straße
Liebigstraße
Erich-Maria-Remarque-Ring
Lohstraße
Bierstraße
Markt
Dom-
hof
Kl. Doms-
freiheit
Marienstraße
Lortzingstraße
Alte
Poststraße
Wittekindstraße
Berliner
Platz
Große Straße
Kamp
Hakenstraße
Heger-Tor-Wall
Goethering
Neumarkt
Martinistraße
Neuer Graben
Johannisstraße
Süsterstraße
Schloßstraße
Potgraben
Schlosswall
Kommenderiestraße
Petersburger Wall
N
0
1 km
41
13
12
56
67
37
80
97
29
71
54
8
19
16
78
11
57
104
86
99
10
84
20
31
65
77
51
38
107
105
33
62
17
26
44
45
103
66
9
96
95
85
27
60
50
52
42
89
30
40
47
83
82
15
92
91

Alexandra Schlennstedt, Jobst Schlennstedt
111 Orte in Bielefeld, die man gesehen haben muss
ISBN 978-3-7408-1653-7

Cornelia Kuhnert, Günter Krüger
111 Orte in Hannover, die man gesehen haben muss
ISBN 978-3-7408-2017-6

Cornelia Kuhnert, Günter Krüger
111 Orte rund um Hannover, die man gesehen haben muss
ISBN 978-3-7408-1351-2

Stephanie Katerle
111 Orte in Paderborn, die man gesehen haben muss
ISBN 978-3-7408-0645-3

Axel Klingenberg, Thomas Hackenberg
111 Orte im Braunschweiger Land, die man gesehen haben muss
ISBN 978-3-95451-671-1

Fabian Pasalk
111 Orte in Essen, die man gesehen haben muss
ISBN 978-3-95451-924-8

Fabian Pasalk
111 Orte im Ruhrgebiet, die man gesehen haben muss
ISBN 978-3-7408-1853-1

Ralf Koss
111 Orte in Dortmund, die man gesehen haben muss
ISBN 978-3-7408-0649-1

Uwe Grießmann, Sonja Klima
111 Orte in und um Hildesheim, die man gesehen haben muss
ISBN 978-3-7408-2130-2

Jochen Reiss
111 Orte in Hamburg, die man gesehen haben muss
ISBN 978-3-7408-1681-0

Alexandra Schlennstedt, Jobst Schlennstedt
111 Orte in der Lüneburger Heide, die man gesehen haben muss
ISBN 978-3-95451-844-9

Jochen Reiss
111 Orte in und um Göttingen, die man gesehen haben muss
ISBN 978-3-7408-1353-6

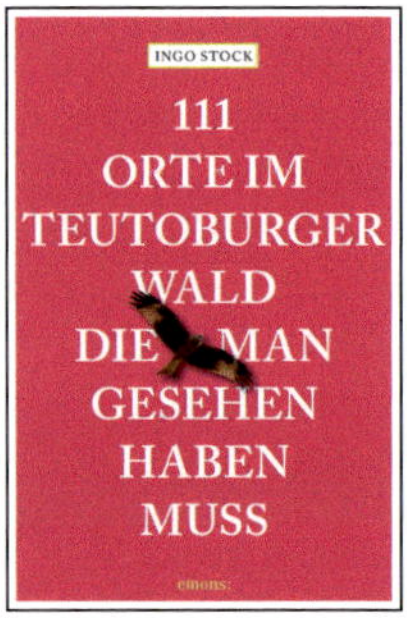

Ingo Stock
111 Orte im Teutoburger Wald, die man gesehen haben muss
ISBN 978-3-7408-1715-2

Lucia Jay von Seldeneck, Verena Eidel, Carolin Huder
111 Orte in Berlin, die man gesehen haben muss
ISBN 978-3-7408-1680-3

Lucia Jay von Seldeneck, Verena Eidel, Carolin Huder
111 Orte in Berlin, die man gesehen haben muss, Band 2
ISBN 978-3-95451-207-2

Petra Wochnik, Andreas Klesse
111 Orte auf Langeoog, die man gesehen haben muss
ISBN 978-3-7408-0839-6

Jacek Auerbach
111 Orte in Oldenburg, die man gesehen haben muss
ISBN 978-3-7408-0249-3

Bernd F. Gruschwitz
111 Orte in Bremen, die man gesehen haben muss
ISBN 978-3-7408-2019-0

Ingo Stock
111 Orte auf Spiekeroog, die man gesehen haben muss
ISBN 978-3-7408-0888-4

Manfred Reuter, Lena Reuter
111 Orte auf Norderney, die man gesehen haben muss
ISBN 978-3-7408-1649-0

Manfred Reuter, Lena Reuter
111 Orte in Ostfriesland, die man gesehen haben muss
ISBN 978-3-7408-1455-7

Paul Stänner
111 Orte im Münsterland, die man gesehen haben muss
ISBN 78-3-7408-1099-3

Dietmar Hoos, Susanne Hoos
111 Orte in Kassel, die man gesehen haben muss
ISBN 978-3-7408-1879-1

Kirsten Elsner-Schichor
111 Orte im Harz, die man gesehen haben muss
ISBN 978-3-7408-2018-3

Jochen Reiss
111 Orte im Alten Land, die man gesehen haben muss
ISBN 978-3-7408-2086-2

Christine Izeki, Gerald Roemer
111 Orte im Wendland, die man gesehen haben muss
ISBN 978-3-7408-1520-2

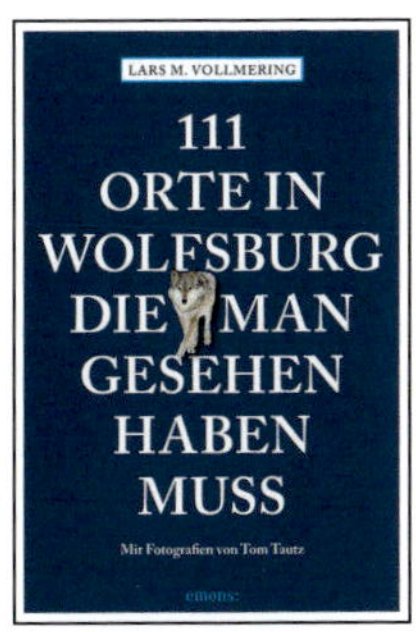

Lars M. Vollmering, Tom Tautz
111 Orte in Wolfsburg, die man gesehen haben muss
ISBN 978-3-7408-1094-8

Bildnachweis

Ort 1: Igelmuseum © Inga Hellmich, Scriptorium; Ort 2: Bramscher Bahnhof, oben: © Marion Tischler, unten © Oliver Pracht; Ort 3: Grafentafel © Gemeinde Hagen a.T.W., Osnabrücker Land, Jenny Menkhaus; Ort 6: Älteste Aufzug, Martinihöfe © Lenja Otten 2016; Ort 10: Armreliquien, Domschatz- und Diözesanmuseum Armreliquiare © Christian Grovermann; Ort 22: Bundesumweltstiftung, DBU-Gebäude © Deutsche Bundesstiftung Umwelt, DBU; Ort 24: Dampfmaschine © Museum Industriekultur Osnabrück; Ort 45: Grafische Kabinett © Virtuelles Kupferstichkabinett Herzog Anton Ulrich-Museum und Herzog August Bibliothek, Melencolia I, Albrecht Dürer (Kupferstich 1602); Ort 48: Halle 14, oben und unten © Volkswagen_Aktiengesellschaft (AG); Ort 51: Haus Tenge, unten: © La Vie GmbH; Ort 55: Imbiss Jim Blake; Ort 72: Marienheim, Ort 108: Rochusberg ©Alice Rensing; Ort 74: Der Mobile Kiosk: Kunst S:nack, oben: © Marion Tischler, unten: © Marion Tischler; Ort 95: Schulmuseum © Osnabrücker Schulmuseum e.V.; Ort 106: Wasserwerk, oben: © Stadtwerwerke.Osnabrück.AG, unten: © Stadtwerwerke.Osnabrück.AG

Danksagung

Mein besonderer Dank gilt Bodo Zehm (Chef-Archäologe für Stadt und Landkreis Osnabrück, seit 2017 im Ruhestand), Ansgar Westermeyer (Städtische Denkmalpflege), Diana Riepenhoff (Tourismusmarketing), Dr. Thorsten Heese (Kurator für Stadtgeschichte, Kulturgeschichtliches Museum/Felix-Nussbaum-Haus), Margret Baumann (Museum Industriekultur Osnabrück), Aileen Rogge (Fotografin),Tania-Maria Goos fürs Gegenlesen, Brigitte Göcken, Alice Rensing, Hannelore Rensing-Dünheuft und Line Thöne.

Danksagung für die Textbeiträge
An Jürgen Barth (»Das Schulmuseum«), Marion Tischler (»Der Bramscher Bahnhof« und »Der mobile Kiosk: Kunst S:nack«), Bernhard Wetzig (»Das Igelmuseum«) und Bernd-Rolf Smerdka.

© Line Thöne

Annett Rensing, gebürtige Osnabrückerin, arbeitete lange als Klassische Archäologin in vielen Ländern und auf Ausgrabungskampagnen als Verantwortliche für die Keramikfragemente und ihrer Dokumentation. Heute ist sie als freie Journalistin für verschiedene Verlage und Agenturen in Hamburg tätig, reist immer wieder gern in ihre Heimatstadt, um schöne, skurrile und außergewöhnliche Geschichten über Osnabrück auszubuddeln – und staunt jedes Mal aufs Neue über deren Vielseitigkeit.

© Alice Rensing

Dr. Bernd-Rolf Smerdka studierte Biologie, Kunst und Politikwissenschaften, danach promovierte er in Wirtschafts- und Sozialwissenschaften. Er arbeitete in verschiedenen Stadtverwaltungen Norddeutschlands. Heute lebt er in Schwerin. Neben privaten Aktivitäten in Literatur und Malerei veröffentlichte er als Musiker und Komponist 2015 die CD »Cumulus stage« und 2022 »July House«. Von ihm stammen die Kapitel 32, 55, 63, 72, 75, 86, 102, 106, 107 und 108.